はじめての日本語能力試験

N5

Practice Test for Passing the JLPT
JLPT全真模拟试题 合格直通
Đề luyện thi năng lực tiếng Nhật
Cùng bạn chinh phục thử thách JLPT

アスク編集部 編著

合格
模試

3回分

ask

　試験を受けるとき、過去に出された問題を解いて、どのような問題が出るのか、それに対して現在の自分の実力はどうか、確認することは一般的な勉強法でしょう。そこで私たちは、日本語能力試験を研究し、このシリーズをつくりました。はじめて日本語能力試験N5を受ける人も、本書で問題形式ごとのポイントを知り、同じ形式の問題を3回分解くことで、万全の態勢で本番に臨むことができるはずです。本書『合格模試』を手にとってくださったみなさんが、日本語能力試験N5に合格し、さらに上の目標を目指していかれることを願っています。

編集部一同

　　日本語能力試験N5は、2020年度第2回試験より、試験時間および問題数の目安に一部変更がありました。本書は変更前の試験内容に沿って制作しています。

Introduction:

When taking a test, one general method of study is to solve questions that have appeared in past tests to see what kind of questions will be on the test as well as to see what your current ability is. Therefore, we created this series by researching the Japanese Language Proficiency Test. Even those who take the Japanese Language Proficiency Test N5 for the first time should be able to use this book to learn the points of each type of question and practice answering that same type of question in order to fully prepare yourself for talking the real test. We hope that all of our readers who have purchased *Gokaku Moshi* will pass the Japanese Language Proficiency Test Level N5 and aspire for higher goals.

The Editorial Department

JLPT N5 has undergone some changes in the test duration and the number of questions since the second examination of 2020. The contents of this book had been compiled by considering the exam before the changes.

前言：

　解答历年真题，确认试题中出现的题型并检查自身实力，是广大考生备考时普遍使用的学习方法。基于以上现状，我们对日语能力考试进行深入研究，并制作了本系列书籍。第一次参加N5考试的人，也能通过本书熟知各个大题的出题要点。解答三次与正式考试相同形式的试题，以万全的态势挑战考试吧。衷心祝愿购买本书《合格直通》的各位能在N5考试中旗开得胜，并追求更高的目标。

编辑部全体成员

自2020年第二次考试以来，JLPT N5在考试时间和题目数量上发生了一些变化。本书是根据变更前的考试内容制作而成的。

Lời nói đầu:

Khi dự thi, việc giải những đề thi trong quá khứ, xem những đề thi đã ra như thế nào, và thực lực của bản thân mình hiện nay đối với những đề thi như vậy như thế nào, là cách học phổ biến. Vì vậy, và nghiên cứu về các đề thi năng lực tiếng Nhật. Trên cơ sở đó, chúng tôi đã biên soạn ra loạt sách này. Thông qua việc biết được những điểm quan trọng trong mỗi hình thức câu hỏi thi, và việc giải 3 đề thi trong cuốn sách này, thì ngay cả những người lần đầu tiên tham gia kì thi N5 đi nữa, chắc chắn có thể hướng tới kỳ thi chính thức với một tư thế hoàn hảo. Chúng tôi hy vọng những bạn đã lựa chọn cuốn『合格模試』này sẽ thi đỗ trong kì thi năng lực tiếng Nhật N5 và hơn thế nữa, còn hướng đến những mục tiêu cao hơn.

Ban biên tập

JLPT N5 đã có một số thay đổi về thời gian thi và số lượng câu hỏi kể từ kỳ thi thứ 2 năm 2020. Nội dung cuốn sách này được biên soạn bằng cách ôn thi trước những thay đổi.

もくじ
Contents ／目录／ Mục lục

この本の使い方

● 構成

模擬試験が3回分ついています。時間を計って集中して取り組んでください。終了後は採点して、わからなかったところ、間違えたところはそのままにせず、解説までしっかり読んでください。

対策 ▶ 日本語能力試験にはどのような問題が出るか、どうやって勉強すればいいのか確認する。

解答・解説 ▶ 正誤を判定するだけでなく、どうして間違えたのか確認すること。

 正答以外の選択肢についての解説。

えよう　問題文に出てきた語彙・表現や、関連する語彙・表現。

問題（別冊） ▶ とりはずし、最終ページにある解答用紙を切り離して使う。解答用紙はサイトからダウンロードもできる。

● スケジュール

JLPTの勉強開始時：第1回の問題を解いて、試験の形式と自分の実力を知る。

↓

苦手分野をトレーニング
- 文字・語彙・文法：模試の解説で取り上げられている語・表現をノートに書き写しておぼえる。
- 読解：毎日1つ日本語のまとまった文章を読む。
- 聴解：模試の問題をスクリプトを見ながら聞く。

↓

第2回、第3回の問題を解いて、日本語力が伸びているか確認する。

↓

試験直前：もう一度同じ模試を解いて最終確認。

● 音声はwebでダウンロードができます。詳細は下記をご覧ください。

➡ **https://www.ask-books.com/support/**

シリアルコード：93124

● 解答を入力するだけで採点ができるExcelシートを下記サイトに用意しました。
➡ **https://www.ask-books.com/jp/goukaku/**

How to Use This Book

Structure

This book includes three practice tests. Please focus hard and time yourself when taking them. After you have finished, calculate your score, and once you have found what you got wrong or did not know, go back and carefully read the explanations.

Test Preparations
See what kinds of questions will appear on the JLPT and learn how best to study for them.

Answers・Explanations
Go beyond seeing the right or wrong answers; learn why you got the question wrong.
 Explanations for choices other than just the right answer
 覚えよう (Let's Learn) Vocabulary and expressions found in the test questions as well as other related vocabulary and expressions

Questions (Supplementary Book)
Remove and use the answer sheets on the last pages. The answer sheets can also be downloaded from our Website.

Schedule

When starting to study for the JLPT: Answer the questions on Test 1 to familiarize yourself with the format of the actual test and see how well you can do.

⬇

Training for areas that you have trouble with
・**Characters, vocabulary and grammar:** Learn the vocabulary and expressions shown in the practice test explanations by copying them down in your notes.
・**Reading comprehension:** Read one complete Japanese passage per day.
・**Listening comprehension:** Listen to practice test questions while reading along with their scripts.

⬇

Answer the questions for Test 2 and Test 3 to see if your skills in Japanese are improving.

⬇

Right before the test: Take the same practice tests again to check one last time.

 The audio files for this book can be download from our Website. Go to the link below for further details.

➡ **https://www.ask-books.com/support/**
Serial code: 93124

Automatically score your tests just by entering your answers onto the Excel sheet available for download at the following link.

➡ **https://www.ask-books.com/jp/goukaku/**

本书的使用方法

▶ 构成

本书附带三次模拟试题。请计时并集中精力进行解答。解答结束后自行评分，对于不理解的地方和错题不要将错就错，请认真阅读解说部分。

考试对策　确认日语能力考试中出现的题型，并确认与之相应的学习方法。

解答·解说　不仅要判断正误，更要弄明白自己解答错误的原因。

 对正确答案以外的选项进行解说。

（必背单词）　问题中出现的词汇、表达，以及与之相关的词汇、表达。

试题（附册）　使用时可以单独取出。答题卡可以用剪刀等剪下，也可以通过官网下载。

▶ 备考计划表

备考开始时：解答第 1 回试题，了解考试的题型并检查自身实力。

针对不擅长的领域进行集中练习
- 文字·词汇·语法：将解说部分中提到的词汇、表达抄到笔记本上，边写边记。
- 阅读：坚持每天阅读一篇完整的日语文章。
- 听力：反复听录音，并阅读听力原文。

⬇

解答第 2 回、第 3 回试题，确认自己的日语能力有没有得到提高。

⬇

正式考试之前：再次解答模拟试题，进行最终确认。

▶ 音频文件可以通过官网下载。详情请参看以下网站。

➡ https://www.ask-books.com/support/

序列码：93124

▶ 我们还为您准备了仅输入答案就能自动评分的电子表格。请从以下网站下载使用。

➡ https://www.ask-books.com/jp/goukaku/

Cấu trúc

Cuốn sách này gồm có ba đề thi thử. Các bạn hãy đo thời gian trong lúc tập trung giải đề. Sau khi giải xong, hãy chấm điểm cho bài thi mình vừa làm, những điểm nào mình không hiểu hay những điểm mình bị sai, các bạn đừng để mặc mà phải đọc phần giải thích cho thật kỹ.

Chiến lược ▶ Xác nhận xem có những loại câu hỏi như thế nào xuất hiện trong đề thi năng lực tiếng Nhật, và học luyện thi như thế nào sẽ có hiệu quả.

**Đáp án ·
Giải thích** ▶ Không chỉ đánh giá đúng sai, mà phải xác nhận tại sao lại sai.

 Giải thích những cách lựa chọn khác ngoài đáp án đúng.

 えよう（Hãy ghi nhớ） Từ vựng·mẫu câu xuất hiện trong đề thi, Từ vựng·mẫu câu liên quan

**Đề thi
(quyển đính kèm)** ▶ Tách cuốn này ra, cắt tờ làm bài ở trang cuối cùng và sử dụng. Bạn cũng có thể tải tờ làm bài từ trên trang web.

Kế hoạch

Thời điểm bắt đầu học luyện thi JLPT: Giải đề 1 biết được hình thức đề thi và thực lực của bản thân.

⬇

Luyện tập những phần mình còn yếu
- **Chữ viết, từ vựng, ngữ pháp:** viết lại ra tập để thuộc lòng những từ, mẫu câu được đưa ra trong phần giải thích đề thi thử.
- **Đọc hiểu:** Mỗi ngày đọc một bài văn tiếng Nhật.
- **Nghe:** Vừa nhìn phần nội dung nghe vừa nghe.

⬇

Giải đề 2, đề 3 rồi xác nhận xem khả năng tiếng Nhật của mình có tiến triển hay chưa.

⬇

Ngay trước kì thi: làm lại đề thi một lần nữa, và xác nhận lại lần cuối.

Có thể tải tập tin âm thanh từ trên trang web. Thông tin chi tiết vui lòng tham khảo trang web sau đây.

➡ **https://www.ask-books.com/support/**
Mã số sê -ri: 93124

Chúng tôi đã chuẩn bị trang Excel để các bạn chỉ cần nhập đáp án vào là có thể chấm điểm được. Vui lòng tải từ trang web sau để sử dụng:

➡ **https://www.ask-books.com/jp/goukaku/**

日本語能力試験（JLPT）
N5について

Q1 日本語能力試験（JLPT）ってどんな試験？

日本語を母語としない人の日本語力を測定する試験です。日本では47都道府県、海外では86か国（2018年実績）で実施。年間のべ100万人以上が受験する、最大規模の日本語の試験です。レベルはN5からN1まで5段階。以前は4級から1級の4段階でしたが、2010年に改訂されて、いまの形になりました。

Q2 N5はどんなレベル？

N5は、古い試験の4級にあたるレベルで、「基本的な日本語をある程度理解することができる」とされています。具体的には、「ひらがなやカタカナ、日常生活で用いられる基本的な漢字で書かれた定型的な語句や文、文章を読んで理解することができる」「教室や、身の回りなど、日常生活の中でもよく出会う場面で、ゆっくり話される短い会話であれば、必要な情報を聞き取ることができる」というレベルです。

Q3 N5はどんな問題が出るの？

試験科目は、①言語知識（文字・語彙）、②言語知識（文法）・読解、③聴解の3科目です。詳しい出題内容は12ページからの解説をご覧ください。

Q4 得点は？

試験科目と異なり、得点は、①言語知識（文字・語彙・文法）・読解、②聴解の2つに分かれています。①は0～120点、②は0～60点で、総合得点は0～180点、合格点は80点です。ただし、①が38点、②が19点に達していないと、総合得点が高くても不合格となります。

Q5 どうやって申し込むの？

日本で受験する場合は、日本国際教育支援協会のウェブサイト（info.jees-jlpt.jp）から申し込みます。郵送での申し込みは廃止されました。海外で受験する場合は、各国の実施機関に問い合わせます。実施機関は公式サイトで確認できます。

詳しくは公式サイトでご確認ください。
https://www.jlpt.jp

About the Japanese Language Proficiency Test Level N5

Q1 What kind of test is the Japanese Language Proficiency Test (JLPT)?

It is a test to measure Japanese language skills for people whose native language is not Japanese. It is held in 47 prefectures in Japan as well as in 86 countries around the world (as of 2018). It is the biggest Japanese language proficiency test in the world, with more than one million people taking it each year. It has five levels ranging from N5 to N1. Previously, it had only four levels, level 4 to level 1, but the test was revised in 2010 to its current form.

Q2 What kind of level is N5?

The N5 level is equal to Level 4 on the old version of the test and establishes that people who pass are able to understand basic Japanese to some degree. More specifically, it tests to see if you can if you can read and understand set words and phrases, sentences and passages that use hiragana, katakana and basic kanji used in daily life as well as if you can listen to and understand short conversations based on everyday situations that occur in classrooms or your general surroundings spoken at a slow speed.

Q3 What kind of questions are on the N5 test?

The test has three test sections: ①language knowledge (vocabulary/ grammar), ②language knowledge (grammar)・reading and ③listening. Please see page 12 for more details on the kinds of questions that show up on the test.

Q4 How is it scored?

The test has two scoring sections that differ from the subjects: ① language knowledge (characters/ vocabulary/ grammar)・reading and ②listening. Section ① is scored from 0 to 120 points, and Section ② is scored from 0 to 60 points for a total of 0 to 180 points, with a passing score being at least 80 points. However, you will be unable to pass if you score below 38 points on Section ① or 19 points on Section ②, even if your combined score is high.

Q5 How do you apply?

When taking the test in Japan, you can apply on the Japan Educational Exchanges and Services Website (info.jees-jlpt.jp). Applications sent by mail will no longer be accepted. When taking the test overseas, consult with your country's host agency. Host agencies in the various test site cities can be found on the Website shown below.

For more information, please visit:
https://www.jlpt.jp

关于日语能力考试 N5
（JLPT）

Q1 关于日语能力考试（JLPT）

该考试以母语不是日语的人士为对象，对其日语能力进行测试和评定。截止 2018 年，在日本 47 个都道府县、海外 86 个国家均设有考点。每年报名人数总计超过 100 万人，是全球最大规模的日语考试。该考试于 2010 年实行改革，级别由从前 4 级到 1 级的四个阶段变为现在 N5 到 N1 的五个阶段。

Q2 关于 N5

N5 的难度和原日语能力考试 4 级相当，考查是否能够在一定程度上理解基本的日语。譬如能够读懂平假名和片假名，能够读懂由日常基础汉字写成的固定短语、句子和文章；又或者在听一段语速缓慢的关于教室、日常生活等身边场面的简短对话时，能够听懂其中的必要信息。

Q3 N5 的考试科目

N4 考试设有三个科目：①语言知识（文字·词汇）、②语言知识（语法）·阅读、③听力。详细出题内容请参阅解说（p12 ～）。

Q4 N5 合格评定标准

通过单项得分和综合得分来评定是否合格。N4 分为两个评分单项：①语言知识（文字·词汇·语法）、阅读；②听力。①的满分为 120 分，②的满分为 60 分。综合得分（①＋②）的满分为 180 分，及格分为 80 分。但是，如果①的得分没有达到 38 分，或者②的得分没有达到 19 分，那么即使综合得分再高都不能视为合格。

Q5 报考流程

选择日本国内的考点，可以通过日本国际教育支援协会官网（info.jees-jlpt.jp）进行报考。选择日本以外的考点，请咨询各国考试实施机构。各国考试实施机构可以通过官网确认。

详情请参看 JLPT 考试官网。
https://www.jlpt.jp

Về kì thi năng lực tiếng Nhật N5
(JLPT)

Q1 Kỳ thi năng lực tiếng Nhật (JLPT) là kỳ thi như thế nào?

Đây là kỳ thi đánh giá năng lực tiếng Nhật của những người có tiếng mẹ đẻ không phải là tiếng Nhật. Kì thi này được tổ chức ở 47 tỉnh thành tại Nhật và 86 quốc gia khác (số liệu năm 2018). Hằng năm, số lượng thí sinh dự thi tăng lên, có hơn 1.000.000 người dự thi, là kì thi tiếng Nhật quy mô lớn. Gồm có 5 cấp bậc từ N5 đến N1. Trước đây thì có 4 cấp từ cấp 4 đến cấp 1, nhưng từ năm 2010 đã thay đổi cách thi, và trở thành hình thức thi như bây giờ.

Q2 N5 ở trình độ như thế nào?

N5 là trình độ tương đương với cấp độ 4 của kỳ thi cũ, được cho là "có thể hiểu được tương đối tiếng Nhật cơ bản". Cụ thể là trình độ "có thể đọc hiểu các từ ngữ, câu, đoạn văn được viết bằng chữ Hiragana, Katakana, chữ Hán cơ bản được dùng trong cuộc sống hàng ngày", "trong các tình huống thường gặp trong cuộc sống hàng ngày như trong lớp học, gặp người xung quanh thì có thể nghe được những thông tin cần thiết nếu nói chuyện ngắn và nói chậm".

Q3 Trong bài thi N5 có những câu hỏi thi như thế nào?

Các môn thi gồm có 3 phần đó là ① Kiến thức ngôn ngữ (chữ viết·từ vựng), ② Kiến thức ngôn ngữ (ngữ pháp)·đọc hiểu, ③ Nghe. Nội dung chi tiết vui lòng xem phần giải thích từ trang 12

Q4 Điểm đạt được như thế nào ?

Các môn thi khác nhau, điểm đạt được được chia thành 2 cột điểm đó là ① Kiến thức ngôn ngữ (chữ viết·từ vựng·ngữ pháp) - Đọc hiểu, ② Nghe. ① có điểm số từ 0 ~ 120 điểm, ② có điểm số từ 0 ~ 60 điểm, tổng số điểm đạt được là từ 0 ~ 180 điểm, điểm đỗ là 80 điểm. Tuy nhiên, nếu như ① không đạt 38 điểm, ② không đạt 19 điểm thì dù tổng số điểm đạt được có cao đi nữa vẫn không đậu.

Q5 Làm thế nào để đăng ký ?

Trường hợp dự thi tại Nhật Bản, có thể đăng ký từ trang web của hiệp hội hỗ trợ giáo dục quốc tế Nhật Bản (info.jees-jlpt.jp) . Việc đăng ký bằng cách gởi qua bưu điện đã được hủy bỏ. Trường hợp dự thi tại nước ngoài, có thể liên lạc với các cơ quan tổ chức kỳ thi tại các quốc gia. Có thể xác nhận thông tin các cơ quan tổ chức kì thi trên trang web chính thức.

Nội dung chi tiết vui lòng kiểm tra tại trang web.
https://www.jlpt.jp

言語知識（文字・語彙）
げんごちしき　　もじ　　ごい

もんだい1　漢字読み　7問
かんじよ　　もん

漢字で書かれたことばの読み方を答える。

Answer with the reading of the word written in kanji. ／选择该日语汉字的正确读音。／ Trả lời cách đọc của từ được viết bằng chữ Hán.

もんだい1 ＿＿＿＿ の ことばは ひらがなで どう かきますか。1・2・3・4から いちばん いい ものを ひとつ えらんで ください。

れい1　その　こどもは　小さいです。
　　1　ちさい　　　　　2　ちいさい　　　　3　じさい　　　　　4　じいさい

れい2　その　しんごうを　右に　まがって　ください。
　　1　みぎ　　　　　　2　ひだり　　　　　3　ひがし　　　　　4　にし

こたえ：れい1　2、れい2　1

POINT

　れい1のように発音や表記の正確さが問われる問題と、れい2のように漢字と語彙の意味の理解を問われる問題があります。れい2のような問題では、同じようなジャンルの語彙が選択肢に並びますが、問題文全体を読むと、正答が推測できる場合があります。

Point: There are questions that ask the correct pronunciation or notation like in Example 1 and questions that ask about your understanding of the meanings of kanji and vocabulary words like in Example 2. In questions like the one in Example 2, vocabulary words of a similar theme are listed in the answers by and by reading the full question, you will be able to guess the answer.

要点：此类题型大致可以分为两种情况。如例1所示，重点考察词汇的读音或写法是否正确；而例2则考察汉字的读音和对词汇意思的理解。诸如例2的问题，四个选项词汇类型相同，因此可以从文脉中推测出填入该处的词汇的意思，因此要养成做题时把问题从头到尾读一遍的习惯。

Điểm quan trọng : có câu hỏi về cách phát âm, ghi chính xác như ví dụ 1, và cũng có câu hỏi về mức độ hiểu ý nghĩa chữ Hán và từ vừng như ví dụ 2.Trong câu hỏi như ví dụ 2, các phương án chọn có cùng loại từ, nhưng nếu chúng ta đọc hết câu hỏi thì có khi có thể đoán được câu trả lời chính xác.

勉強法

　れい1のパターンでは、発音が不正確だと正解を選べません。漢字を勉強するときは、音とひらがなを結び付けて、声に出して確認しながら覚えましょう。一見遠回りのようですが、これをしておけば聴解力も伸びます。

Study Method: In the pattern in Example 1, if the pronunciation is incorrect, you will be unable to choose the correct answer. When studying kanji, try memorizing them by tying the reading to the hiragana and reading them out loud. This may seem like a roundabout way of doing things at first, but doing this will improve your listening comprehension as well.

学习方法：诸如例1的问题，如果读音不正确则无法选中正确答案。学习日语汉字时，确认该汉字的读音，并将整个词汇大声读出来，边读边记。这种方法不仅可以帮助我们高效记忆，也能够间接提高听力水平。

Phương pháp học: trong kiểu câu hỏi như ví dụ 1, nếu bạn phát âm không chính xác sẽ không thể lựa chọn đáp án đúng. Khi học chữ Hán, hãy cùng ghi nhớ bằng cách gắn kết giữa âm thanh và chữ Hiragana, rồi thử phát âm xác nhận. Thoạt nhìn có vẻ như mình đi lòng vòng, nhưng nếu cứ luyện tập theo cách này, thì khả năng nghe của các bạn cũng sẽ tiến triển.

もんだい2　表記　5問

ひらがなで書かれたことばをカタカナや漢字でどう書くか答える。

Answer by choosing the correct kanji or katakana for the word written in hiragana. ／选择与该平假名词汇相对应的片假名或者汉字。／ Trả lời từ được viết bằng chữ Hiragana sẽ được viết bằng chữ Katakana và chữ Hán như thế nào.

> もんだい2　＿＿＿＿　の　ことばは　どう　かきますか。1・2・3・4から　いちばん　いい　ものを
> ひとつ　えらんで　ください。
>
> れい　この　テレビは　すこし　やすいです。
> 　　1　低い　　　　　　2　高い　　　　　　3　安い　　　　　　4　悪い
>
> こたえ：3

POINT

> 漢字の表記を問う問題に加えて、カタカナの表記を答える問題も出題されます。漢字の場合は、形が似ている漢字が選択肢に並びます。カタカナの場合は、「ソ」と「ン」、「ツ」と「シ」、「ウ」と「ワ」、「ク」と「タ」などの区別ができているかが問われます。

Point: In addition to questions that ask about kanji notations, there are also questions about katakana notation. For kanji, the answers will often be full of kanji that look similar. For katakana, you will be tested on whether you can tell ソ and ン, ツ and シ, ウ and ワ, and ク and タ apart.

要点：此类题型，除了考查日语汉字的写法外，也会考查片假名词汇的写法。考查汉字写法的问题，通常情况下四个选项的汉字形状相似；片假名词汇的问题，则重点考查是否能够区分譬如"ソ"和"ン"、"ツ"和"シ"、"ウ"和"ワ"、"ク"和"タ"等这类形状相似的片假名。

Điểm quan trọng: cùng với các câu hỏi về cách ghi chữ Hán thì cũng có các câu hỏi có câu trả lời về cách ghi Katakana. Nếu là chữ Hán thì sẽ có các phương án chọn là chữ Hán có hình thức giống nhau. Nếu là chữ Katakana thì sẽ hỏi xem có phân biệt được「ソ」(so) và「ン」(un)、「ツ」(tsu) và「シ」(shi)、「ウ」(u) và「ワ」(wa)、「ク」(ku) và「タ」(ta) hay không.

勉強法

> カタカナは、書き順・形と音を正しく結びつけて覚えることが大切です。身の回りのカタカナのことばを何度も書いて覚えるようにしましょう。
> 漢字の学習は、語彙の学習と一緒に行うといいでしょう。ひらがなだけではなく、漢字もあわせて覚えると効果的です。送り仮名も正確に覚えるようにしましょう。

Study Method: With katakana, it is important to learn the stroke order, form and reading all together. Try making a habit of writing down commonly used katakana words to help you learn them.
It is best to study kanji along with vocabulary. Learning the kanji along with the hiragana of vocabulary words is more effective. Be sure to also learn the accompanying okurigana.

学习方法：学习片假名时，要注意书写笔顺，同时也要将形态和读音结合起来记。平时多留意身边的片假名词汇，多写多记才能掌握牢固。
由于日语的词汇很多都是由汉字和平假名组成的，因此汉字学习最好与词汇学习一起进行，以提高学习效果。同时，记住该汉字在该词汇中的读法也很重要。

Phương pháp học: Katakana thì cần nhớ liên kết chính xác thứ tự các nét, hình dạng với phát âm. Chúng ta hãy cố gắng nhớ các từ ngữ viết bằng Katakata ở xung quanh mình bằng cách viết lại nhiều lần.
Học chữ Hán thì chúng ta nên học chung với từ vựng. Không chỉ nhớ chữ Hiragana thôi, mà kết hợp với chữ Hán nữa thì sẽ có hiệu quả. Chúng ta hãy cố gắng nhớ đuôi động từ bằng chữ Kana thật chính xác.

もんだい3　文脈規定　6問

（　　　）に入れるのにいいことばを選ぶ。

Choose the word that best fits in the (　　　). ／在（　）中填入恰当的词语。 ／ Chọn từ phù hợp để điền vào (　).

もんだい3　（　　　）に　なにが　はいりますか。1・2・3・4から　いちばん　いい　ものを
ひとつ　えらんで　ください。

れい　きのう　サッカーを　（　　　）しました。
　　　1　れんしゅう　　　　2　こしょう　　　　　3　じゅんび　　　　4　しゅうり

こたえ：1

POINT

名詞、形容詞、副詞、動詞のほか、助数詞やカタカナ語の問題が出題されます。

Point: There are questions about nouns, adjectives, adverbs and verb as well as counter suffixes and katakana words.

要点：除名词、形容词、副词、动词以外，此类题型也经常考查量词和片假名词汇。

Điểm quan trọng：ngoài danh từ, tính từ, phó từ, động từ, còn có câu hỏi về trợ từ đếm và chữ Katakana.

勉強法

動詞の問題では、文中に出てくる名詞がヒントになることがあります。動詞を覚えるときは、「しゃしんをとります」のように名詞とセットにして覚えるといいでしょう。
語彙を勉強するときは、単語の意味だけを覚えるのではなく、例文ごと覚えると、意味と使い方が記憶に残りやすくなります。

Study Method: For verb-related questions, hints can often be found in the nouns throughout the passage. Learning verbs in sets with accompanying nouns can be helpful, as in しゃしんをとります。
When studying vocabulary word, learning example sentences that use them instead of just the word alone will help you to better memorize their meaning and usage.

学习方法：考查动词的问题，文中出现的名词常常会成为解题的提示。学习动词时，可以把该动词和与之对应的名词一起，作为一个词组记下来，如"しゃしんをとります"。
学习词汇时，不仅要记住词汇的意思，还要掌握该词汇的用法，记住完整的例句，可以让印象更深刻。

Phương pháp học: trong câu hỏi về động từ thì có khi danh từ xuất hiện trong câu sẽ là gợi ý. Khi nhớ động từ thì chúng ta nên nhớ theo bộ với danh từ kiểu như [しゃしんをとります](chụp hình) sẽ tốt hơn.
Khi học từ vựng thì không chỉ nhớ ý nghĩa của từ đơn, nếu nhớ luôn cả câu ví dụ thì sẽ dễ nhớ ý nghĩa và cách sử dụng.

もんだい4　言い換え類義　3問

_____の語や表現と意味が近い語や表現を選ぶ。

Choose the word or expression close in meaning to the word or expression in the _____. ／选择与_____部分意思相近的选项。／ Chọn từ và cách diễn đạt có ý nghĩa gần với từ và cách diễn đạt trong _____.

もんだい4　_____の　ぶんと　だいたい　おなじ　いみの　ぶんが　あります。1・2・3・4
から　いちばん　いい　ものを　ひとつ　えらんで　ください。

れい　わたしは　にほんごの　ほんが　ほしいです。
　　1　わたしは　にほんごの　ほんを　もって　います。
　　2　わたしは　にほんごの　ほんが　わかります。
　　3　わたしは　にほんごの　ほんを　うって　います。
　　4　わたしは　にほんごの　ほんを　かいたいです。

こたえ：4

POINT

まず4つの選択肢の異なっている部分を見て、最初の文の対応している部分と比べます。共通している部分はあまり気にしなくていいです。

Point: First, look at what is different about the four choices, then compare how they answer the first sentence. Do not worry about any parts that they may have in common.

要点：首先观察4个选项不同的部分，并与下划线句子中相对应的部分进行比较。选项中相同的部分则不必太在意。

Điểm quan trọng: trước tiên, xem phần khác nhau của 4 lựa chọn, so sánh với phần tương ứng trong câu đầu tiên. Bạn không cần quan tâm đến phần chung cũng được.

前のページのれいの場合、「ほしいです」の部分が言い換えられていることがわかりますから、ここに注目して選択肢を見ます。形容詞や動詞は、反対の意味のことばと一緒に覚えておくと役に立ちます。

Study Method: In the example on the previous page, since we know that the ほしいです part is being rephrased, be careful here when looking at the answers. It may be useful to learn adjectives and verbs along with their antonyms.

学习方法：从上述例题中可以看出来，"ほしいです"的部分被替换成了别的表达，因此需要特别注意此处并慎重选择。形容词和动词的情况，可以将与之对应的反义词一同记住。

Phương pháp học: trong ví dụ ở trang trước, ta thấy phần [ほしいです] được thay thế, cho nên chú ý điểm này và xem phương án trả lời. Nếu nhớ tính từ và động từ cùng với từ trái nghĩa thì sẽ có lợi.

言語知識（文法）・読解

もんだい1　文の文法1（文法形式の判断）　9問

文の中の（　　　）に入れるのにいちばんいいことばを選ぶ。

Choose the word that fits bests in the （　　）in the sentence.／在（　）中填入最恰当的词语。／Chọn từ phù hợp nhất để điền vào（）trong câu.

もんだい1　（　　　）に　何を　入れますか。1・2・3・4から　いちばん　いい　ものを　一つ　えらんで　ください。

れい　きのう　ともだち（　　　）こうえんへ　いきました。
　　　1　と　　　2　を　　　3　は　　　4　や

こたえ：1

POINT

（　　　）に入る語は、1文字の助詞から始まりますが、だんだん文字数が多くなり、動詞を含む10文字程度のものも出題されます。2人の会話形式のものもあります。問題文を読んで状況を理解し、時制や文末表現（〜ます、〜ました、〜ましょう、〜ません　など）に注意して正解を選びましょう。

Point: For questions where you select the word that goes in the （　　　）, answers start as one-character particles and gradually grow longer to phases as long as 10 characters that include verbs. There are also questions that are presented in the form of a conversation between two people. Read the question and understand the situation, then choose your answer while being aware of tenses and sentence endings （〜ます、〜ました、〜ましょう、〜ません, etc.）.

要点：填入（　　　）中的词，除了单个文字的助词外，也有复数个文字的动词、名词等。每个问题大概10个字，有时也会出现对话形式的问题。仔细阅读问题，理解问题中描述的情景，同时注意时态或句末表达（〜ます，〜ました，〜ましょう，〜ません 等），并选择正确答案。

Điểm quan trọng: từ trong（）bắt đầu từ 1 chữ phó từ, nhưng dần dần số chữ nhiều lên và thành ra câu hỏi có khoảng 10 chữ bao gồm cả động từ. Cũng có hình thức hội thoại giữa 2 người. Chúng ta hãy đọc câu hỏi để nắm tình huống, chú ý Thời và cách diễn đạt cuối câu（〜ます、〜ました、〜ましょう、〜ません v.v）để chọn câu trả lời chính xác.

勉強法

助詞の問題は必ず出題されます。それぞれの助詞がどのように使われるかを例文で覚えるといいでしょう。新しい文法を覚えるときは、実際に使われる場面をイメージして覚えます。会話で覚えるのも効果的です。

Study Method: Questions about particles are sure to appear on the test. It is a good idea to learn how each verb is used through example sentences. When learning new grammar, you will be able to visualize settings where they might actually be used. Learning them in the context of conversations is also effective.

学习方法：此类题型一定会出现考查助词的问题，可以通过例句记住每个助词的用法。在学习新的语法时，想象该语法实际使用的场景能更加深印象。此外，通过对话进行记忆也很有效果。

Phương pháp học: chắc chắn sẽ có câu hỏi về động từ. Tốt nhất chúng ta nên nhớ từng động từ được dùng như thế nào thông qua các câu ví dụ. Khi nhớ ngữ pháp mới, chúng ta có thể nhớ bằng cách hình dung bối cảnh được sử dụng trong thực tế. Việc nhớ bằng đoạn hội thoại cũng có hiệu quả.

文にある４つの＿＿＿にことばを入れ、★に入る選択肢を答える。

Figure out what words go in the four ＿＿＿, then choose the word that goes in ★. ／将４个选项进行排序以组成正确的句子，在★填入相对应的数字。／Điền từ vựng vào 4＿＿＿ trong câu và chọn câu trả lời để điền vào＿＿＿.

もんだい2　＿＿＿★＿＿＿ に 入る ものは どれですか。1・2・3・4から いちばん いい ものを 一つ えらんで ください。

A「いつ ＿＿＿ ＿＿＿ ★ ＿＿＿ か。」
B「3月です。」

1　くに　　　　　　2　へ　　　　　　3　ごろ　　　　　　4　かえります

こたえ：2

POINT

４つの選択肢を見て、どれとどれがつながるのかを考えます。＿＿＿の前後のことばにも注目して考えると、つながりを予測しやすくなります。★の位置は問題ごとに異なります。２番目か３番目にあることが多いですが、違う場合もあるので注意しましょう。

Point: Look at the four answer choices and think about how each of them ties into the others. Being mindful of the words that come before and after the ＿＿＿ will make it easier to predict their connection. The position of the ★ changes from question to question. It is often in the second or third position, but it may be in a different position, so take care.

要点：4个选项中，由于某些选项可以互相组成词组，所以需要仔细观察。同时，从＿＿＿前后的词语中也可以推测出文章的连贯性。每个问题★的位置都不一样，通常会出现在第2或第3个空白栏处，但也有例外，要注意。

Điểm quan trọng: xem 4 phương án chọn và suy nghĩ xem cái nào gắn liền với cái nào. Khi suy nghĩ chú ý tới những từ trước và sau ＿＿＿ thì sẽ dễ đoán được sự liên kết. Vị trí ★ sẽ khác nhau ở từng câu. Nó thường ở chỗ thứ 2 hay thứ 3, nhưng chú ý cũng có trường hợp khác.

勉強法

文型を覚えるときは、接続する形を確実に覚えるようにしましょう。たとえば、「～ながら」の文型は、「動詞ます形の『ます』をとって『ながら』をつける」ということまで理解しておく必要があります。

Study Method: When learning sentence patterns, be sure to learn them in their connecting form. For example, it is important to know that the ～ながら sentence pattern is made by removing ます from the ～ます form of a verb.

学习方法：学习句型知识时，要切实记住句子的接续规律。例如 "～ながら" 的句型，需要理解并记住 "ながら" 之前接动词ます形去掉ます的形式（如 "食べながら" "飲みながら" 等）。

Phương pháp học: khi nhớ mẫu ngữ pháp thì chúng ta hãy cố gắng nhớ chính xác kiểu liên kết luôn. Ví dụ: trong mẫu ngữ pháp [～ながら] thì cần phải hiểu luôn tới [bỏ "ます" trong động từ thể ます, gắn thêm "ながら"]

文章の流れに合った表現を選択肢から選ぶ。

Choose the expression that best fits the flow of the passage. ／ 阅读短文，选择符合文章大意的选项。 ／ Chọn cách diễn đạt phù hợp với mạch văn từ các lựa chọn.

もんだい3 [れい1] から [れい4] に 何を 入れますか。ぶんしょうの いみを かんがえて、1・2・3・4から いちばん いい ものを 一つ えらんで ください。

　アナさんと どうぶつえんへ 行きました。どうぶつえんは [れい1] おもしろい ところでした。どうぶつえんで ぞうを 見ました。どうぶつえんの 近くに カフェが ありました。わたしたちは カフェで サンドイッチを [れい2]。食事を しながら 国の ことを 話しました。たくさん あるきましたから つかれました。[れい3]、とても たのしかったです。

[れい1] 　1 にぎやか 　　　2 にぎやかに 　　　3 にぎやかな 　　　4 にぎやかで

[れい2] 　1 食べます 　　　2 食べています 　　　3 食べました 　　　4 食べましょう

[れい3] 　1 それに 　　　　2 でも 　　　　　3 だから 　　　　　4 では

こたえ：れい1　4、れい2　3、れい3　2

POINT

　あるテーマについて学生が書いた作文が2つ示されます。1つの作文は130字程度で、その中に2つまたは3つの空所があります。接続詞は、順接（だから、それで など）・逆接（でも、しかし など）・添加（それに、そして、それから など）がよく出題されます。前後の文を読んでつながりを考えましょう。文中・文末表現は、助詞や文型の知識が必要です。作文で説明されている場面を理解して、どのような意味になるのか考えると、正解が推測しやすくなります。

Point: There are two passages about a given theme written by a student. One is about 130 characters and has two or three blank areas. The answers for these are often conjunctions like tangent conjunctions（だから，それで）, contradictory conjunctions（でも，しかし）or additional conjunctions（それに，そして，それから）. Read the preceding and following sentences and think about how they are connected. You will need to know about the expressions that come in the middle and at the end of the sentence as well as particles and sentence patterns. Once you understand the settings being explained in the passage, thinking about what they mean will make it will be easier to figure out the correct answer.

要点：该大题会出现两篇学生写的话题作文。每篇作文130字左右，其中会有两到三个空白处。接续词经常考查顺接（だから，それで等）、逆接（でも，しかし等）、添加（それに，そして，それから等）。考查接续词的问题，需要阅读空白处前后的句子，并思考相互间的联系。考查句中、句末表达的问题，需要用到助词或句型知识。理解文章中所描述的场景，思考作者想要表达的意思，从而推断出正确答案。

Điểm quan trọng: có 2 bài văn do học sinh viết về đề tài nào đó. Mỗi bài khoảng 130 chữ, trong đó có 2 hay 3 chỗ trống. Câu hỏi về liên từ như liên từ chỉ quan hệ nguyên nhân kết quả（だから，それで…）, liên từ chỉ quan hệ đối lập（でも，しかし …）, liên từ chỉ quan hệ nối tiếp（それに，そして，それから …）sẽ thường được đặt ra. Chúng ta hãy đọc câu văn phía trước và phía sau rồi suy nghĩ liên kết lại. Cách diễn đạt trong câu, cuối câu thì cần có kiến thức về phó từ và mẫu ngữ pháp. Nếu chúng ta hiểu bối cảnh được giải thích trong bài văn và nghĩ xem nó có nghĩa gì thì sẽ dễ đoán chính xác.

勉強法

POINT で示した接続詞を覚えておきましょう。文章を読む練習をするときに、接続詞を確認しながら読むと、覚えやすくなります。文中・文末表現は、正しい文法知識を身に付けておけば難しくありません。文法項目は例文で覚えておくと、この問題でも役に立ちます。

Study Method: Learn the conjugations shown in the POINT section. When practicing reading passages, being aware of the conjunctions while reading will make it easier to memorize. This will not be difficult with the proper knowledge of grammar. If you learn grammar items through example sentences, even questions like this will be useful.

学习方法：记住上述"要点"中提到的接续词。进行阅读训练时，要有意识地确认接续词的用法，这样才能掌握牢固。对于考查句中、句末表达的问题，若是掌握了正确的语法知识，就能轻松解答出来。通过例句记忆语法项目的方法，在这个大题也能派上用场。

Phương pháp học: chúng ta hãy nhớ các liên từ được nêu trong Điểm quan trọng. Khi luyện đọc đoạn văn, nếu vừa đọc vừa để ý tới liên từ thì sẽ dễ nhớ. Cách diễn đạt trong câu, cuối câu thì nếu chuẩn bị kiến thức ngữ pháp đúng rồi thì sẽ không khó nữa. Nếu chúng ta nhớ các điểm ngữ pháp bằng câu ví dụ thì cũng sẽ có lợi trong những câu hỏi này.

もんだい4　内容理解（短文）　1問×2

80字程度のテキストを読んで、内容に関する選択肢を選ぶ。
Read the 80-character text and choose the answer that relates to the passage. ／阅读80字的短文，选择符合文章内容的选项。／ Đọc bài đọc khoảng 80 chữ và chọn câu liên quan đến nội dung.

POINT

お知らせやメモなどを含む短い文章を読み、文章の主旨を理解したうえで正しい選択肢を選ぶ問題です。質問を読んで、問われている部分を本文中から探し出し、印をつけて、選択肢と照らし合わせます。

Point: In these questions, you must read short passages such as notifications or memos and choose the correct answer. Read the question and find the section that the question is about in the main passage, then mark it and check and compare it with the answers.

要点：该大题需要阅读通知、笔记等简短文章，在理解文章主旨的基础上选择正确答案。仔细阅读问题，在文章中找出被问及的部分，做好标记，并与选项对照。

Điểm quan trọng: đây là câu hỏi đọc đoạn văn ngắn như thông báo, ghi nhớ..., rồi nắm ý chính của đoạn văn và chọn phương án đúng. Đọc câu hỏi, tìm phần được hỏi trong đoạn văn, đánh dấu và tham khảo cùng với phương án chọn.

もんだい5　内容理解（中文）　2問×1

250字程度の文章を読んで、内容に関する選択肢を選ぶ。
Read the 250-character passage and choose the answer based on the content of the passage. ／阅读250字左右的文章，选择符合文章内容的选项。／ Đọc đoạn văn khoảng 250 chữ và chọn câu liên quan đến nội dung.

日常的な話題を題材にした文章（作文）が出題されます。質問は、下線部や文章全体の理解を問うものです。特に理由を問う問題は、下線部の前後にヒントがある場合が多いです。

Point: There are questions that use everyday topics as themes in their passages. The questions will test you on your understanding of the underlined parts as well as the whole passage. For questions that specifically ask for reasons for something, hints can often be found in the sections before and after the underlined part.

要点：该大题需要阅读以日常话题为题材的文章（作文）。问题涉及对下划线部分以及对文章全体的理解。特别是询问理由的问题，通常可以在下划线的前后文中找到提示。

Điểm quan trọng: câu hỏi là đoạn văn (bài văn) có đề tài là câu chuyện thường ngày. Câu hỏi hỏi về ý nghĩa của phần gạch chân hoặc toàn bộ đoạn văn. Đặc biệt , câu hỏi hỏi lý do thì nhiều khi phần gợi ý nằm trước hay sau phần gạch chân.

勉強法

まずは、全体をざっと読むトップダウンの読み方で大意を把握し、次に問題文を読んで、下線部の前後など、解答につながりそうな部分をじっくり見るボトムアップの読み方をするといいでしょう。日ごろの読解練習でも、まずざっと読んで大意を把握してから、丁寧に読み進めるという2つの読み方を併用してください。

Study Method: First read the whole passage to understand the overall meaning using a top-down approach, then read the question and carefully look for parts before and after the blank that might relate to the answer using a bottom-up approach. Even for your regular reading comprehension practice, use two forms of reading by first skimming through the passage to get a general idea of what it is about, then reading it again more carefully.

学习方法：首先，粗略地阅读整篇文章，用自上而下的方法来把握文章大意；然后阅读问题，并仔细观察下划线部分前后的语句等，用自下而上的方法仔细阅读与解答相关的部分。在日常的阅读训练中，要有意识地并用"自上而下"和"自下而上"这两种阅读方法，先粗略阅读全文，把握文章大意后，再仔细阅读。

Phương pháp học: trước hết các bạn nên nắm bắt đại ý của đoạn văn bằng cách đọc lướt toàn bài văn từ trên xuống, kế tiếp đọc câu hỏi, rồi sau đó đọc theo cách đọc từ dưới lên tìm thật kỹ những phần liên quan đến câu trả lời những phần trước và sau của phần gạch chân. Trong quá trình luyện đọc hiểu hằng ngày các bạn cũng nên luyện cả hai cách đọc, đầu tiên cũng đọc lướt để nắm bắt đại ý, sau đó đọc cẩn thận để tìm ra câu trả lời.

もんだい6　情報検索　1問

案内やお知らせなどの中から必要な情報を探し出して答える。

Answer these questions by reading passages of things like directions or notifications and finding the relevant information. ／从指南、通知中读取必要信息并回答问题。／ Tìm các thông tin cần thiết từ bảng hướng dẫn, thông báo...để trả lời.

何かの情報を得るためにチラシなどを読むという、日常の読解活動に近い形の問題です。質問に含まれる日時や料金など問題を解く手がかりになるものには下線を引き、表やチラシの該当する部分を丸で囲むなどすると、答えが見えてきます。

Point: This is a question that has you read leaflets to find information and are similar to everyday forms of reading activities. Doings things like underlining clues like the times and prices and circling relevant information in charts and flyers can help you figure out the answer.

要点：日常生活中，人们常常为了获取信息而阅读传单等宣传物品，因此，此类题型与我们日常的阅读活动非常相近。此类题型经常会对日期、时间以及费用进行提问。认真读题，在与解题线索有关的句子下画线，然后在表格或宣传单中找到并标出与之相对应的部分，这样的话答案就会一目了然。

Điểm quan trọng: đây là hình thức câu hỏi thi gần với hình thức hoạt động đọc hiểu trong cuộc sống hằng ngày như đọc những tờ rơi quảng cáo để có được thông tin nào đó. Gạch chân các phần là chìa khóa để giải đề như ngày giờ, giá tiền v.v. được bao gồm trong câu hỏi, khoanh tròn các phần tương ứng trong bảng biểu, tờ rơi v.v. thì bạn sẽ tìm thấy câu trả lời.

聴解
<ruby>聴<rt>ちょう</rt></ruby><ruby>解<rt>かい</rt></ruby>

POINT

「この問題では何を聞き取るのか」を常に意識しておくことが大切です。問題形式ごとに着目すべきポイントが異なりますから、注意しましょう。イラストがある問題は、はじめにイラストに目を通しておくと、落ち着いて解答することができます。

Point: Try to always be aware of what the question is asking about. The points that you should focus on differ with each type of question, so be careful. If there are any illustrations, take a look at them first and you will be able to calmly answer the question.

要点：解答听力问题时，要意识到"这个问题需要听取的内容是什么"。每个大题需要留意的地方都不同，因此要注意。有插图的问题，事先将插图过目一遍，就可以冷静答题了。

Điểm quan trọng: cần phải luôn ý thức rằng " nghe gì trong câu hỏi này". Chúng ta hãy chú ý vì tùy theo kiểu câu hỏi mà các điểm quan trọng cần phải để ý sẽ khác nhau. Câu hỏi có hình vẽ thì nếu xem qua hình vẽ trước thì có thể bình tĩnh trả lời.

勉強法

聴解は、読解のようにじっくり情報について考えることができません。わからない語彙があっても、瞬時に内容や発話意図を把握できるように、たくさん練習して慣れましょう。とはいえ、やみくもに聞いても聴解力はつきません。話している人の目的を把握したうえで聞くようにしましょう。また、聴解力を支える語彙・文法の基礎力と情報処理スピードを上げるため、語彙も音声で聞いて理解できるようにしておきましょう。

Study Method: Like with reading comprehension, listening comprehension will not allow you time to carefully read and consider all of the information in the question. If there are vocabulary words you do not know, practice a lot to get used to them so you can instantly grasp the meaning of the passage. That being said, you will not just suddenly be able to improve your listening comprehension. Try listening while understanding the objective of the person speaking. Furthermore, in order to improve your vocabulary and grammar which supports listening comprehension skills as well as your foundational abilities and information processing speed, be sure to learn to listen to the vocabulary and understand what is being said.

学习方法：听力无法像阅读那样仔细地进行思考。即使有不懂的词汇，也要做到能够瞬间把握对话内容和表达意图，所以大量的练习非常重要。话虽如此，没头没脑地听是无法提高听力水平的。进行听力训练的时候，要养成把握说话人的目的的习惯。另外，词汇、语法和信息处理速度是听力的基础，因此在学习词汇时，可以边听边学，这也是一种间接提高听力水平的方法。

Phương pháp học: môn nghe thì không thể suy nghĩ về thông tin một cách kỹ càng như đọc hiểu. Hãy tạo cho mình thói quen luyện tập nắm bắt nội dung và ý đồ phát ngôn ngay lập tức cho dù có những từ vựng mình không hiểu đi nữa. Cho dù là nói như vậy, nhưng nếu cứ nghe một cách mò mẫm thì cũng không thể nâng cao khả năng nghe được. Hãy cố gắng nghe sau khi nắm bắt mục đích của người nói. Ngoài ra, hãy cố gắng nghe từ vựng bằng âm thanh, và hiểu được từ vựng đó để gia tăng vốn từ vựng và ngữ pháp hỗ trợ cho khả năng nghe, và tốc độ xử lý thông tin.

2人の会話を聞いて、ある課題を解決するのに必要な情報を聞き取る。

Listen to conversations and try to pick out information needed to resolve a given topic. ／听两个人的对话，听取解决某一课题所需的信息。 ／ Lắng nghe hội thoại của 2 người và nghe lấy thông tin cần thiết để giải quyết vấn đề.

もんだい1では、はじめに　しつもんを　きいて　ください。それから　はなしを　きいて、もんだいようしの　1から4の　なかから、いちばん　いい　ものを　ひとつ　えらんで　ください。

じょうきょうせつめい （Explanation of the situation／场景描述／ Giải thích tình huống） としつもんを聞く

▼

かいわを聞く

▼

もう一度しつもんを聞く

▼

答えをえらぶ

◀)) 男の人と女の人が話しています。女の人は、明日まずどこへ行きますか。

◀)) M：明日、映画を見に行きませんか。
　　F：すみません。明日はアメリカから友だちが来ますから、ちょっと…。
　　M：そうですか。空港まで行きますか。
　　F：いいえ、電車の駅で会います。それから、いっしょに動物園へ行きます。

◀)) 女の人は、明日まずどこへ行きますか。

1　どうぶつえん
2　えいがかん
3　くうこう
4　でんしゃの　えき

答え：4

POINT

1回目の質問をよく聞いて、聞き取るべきポイントを理解することが大切です。この問題では、「会話のあとでどのように行動するか」が問われますから、その根拠となる部分を聞き取りましょう。

Point：It is important to listen to the question when it is read the first time and understand what is being asked. Here, the question being asked is, "What are they going to do after the conversation?", so try listening out for parts that serve to answer this.

要点：认真听开头的提问，理解该问题应该听取的要点是什么。此类题型会问到 "对话结束后如何行动"，因此要注意听取成为其依据的部分。

Điểm quan trọng: nghe kỹ câu hỏi lần thứ 1, cần phải hiểu những điểm quan trọng cần nghe được. Trong câu hỏi này sẽ hỏi "sau khi nói chuyện thì sẽ làm như thế nào? ", cho nên chúng ta hãy nghe được phần nội dung mang ý nghĩa bằng chứng.

2人、または1人の話を聞いて、話のポイントを聞き取る。

Listen to the monologue or conversation between two people and try to pick out the main point. ／听两个人或者一个人的会话，听取整段会话的要点。 ／ Lắng nghe câu chuyện của 2 người hoặc 1 người để nghe được các điểm quan trọng trong câu chuyện.

もんだい2では、はじめに　しつもんを　きいて　ください。それから　はなしを　きいて、もんだいようしの　1から4の　なかから、いちばん　いい　ものを　ひとつ　えらんで　ください。

┌─────────────────────────┐
│ じょうきょうせつめい │
│ (Explanation of the │
│ situation ／場景描述／ │
│ Giải thích tình huống) │
│ としつもんを聞く │
└─────────────────────────┘
　　　　▼
┌─────────────────┐
│ 話を聞く │
└─────────────────┘
　　　　▼
┌─────────────────────────┐
│ もう一度　しつもんを聞く │
└─────────────────────────┘
　　　　▼
┌─────────────────┐
│ 答えをえらぶ │
└─────────────────┘

🔊 学校で、男の学生と女の先生が話しています。男の学生はいつ先生と話しますか。

🔊 M：先生、レポートのことを話したいです。
　 F：そうですか。これから会議ですから、3時からはどうですか。
　 M：すみません、3時半からアルバイトがあります。
　 F：じゃあ、明日の9時からはどうですか。
　 M：ありがとうございます。おねがいします。
　 F：10時からクラスがありますから、それまで話しましょう。

🔊 男の学生はいつ先生と話しますか。

1　きょうの　3じ
2　きょうの　3じはん
3　あしたの　9じ
4　あしたの　10じ

こたえ：3

POINT

もんだい1と同様に、1回目の質問をよく聞いて、聞き取るべきポイントを理解することが大切です。この問題では、聞くべきことが質問で示されるので、ポイントを絞って聞く練習を重ねましょう。

Point: Just like in Question 1, it is important to listen to the question when it is read the first time and understand what is being asked. In this question, the points to listen out for are shown in the question, so try listening to the question repeatedly and narrow down these points.

要点：和第一大题一样，第二大题也需要认真听开头的提问，并理解该问题应该听取的要点是什么。该大题会在开头的提问中明确指出应该听取的内容，因此要抓住要点与重点来听，同时也要注意平时的积累。

Điểm quan trọng: giống như câu 1, nghe kỹ câu hỏi lần thứ 1, cần phải hiểu những điểm quan trọng cần nghe được. Trong câu hỏi này, những điểm phải nghe sẽ được đặt thành câu hỏi, cho nên chúng ta tập nghe bằng cách tập trung vào các điểm chính.

もんだい3　発話表現　5問

イラストを見ながら、状況説明を聞いて、最もいい発話を選ぶ。

Look at the illustration, listen to the explanation of the situation and choose the most fitting utterance. ／看插图并听录音，选择最适合该场景的表达。 ／Vừa xem tranh minh họa vừa nghe giải thích tình huống để chọn câu thoại phù hợp nhất.

もんだい3では、えを　みながら　しつもんを　きいて　ください。→（やじるし）の　ひとは　なんと　いいますか。1から3の　なかから、いちばん　いい　ものを　ひとつ　えらんで　ください。

 イラストを見る

▼

じょうきょうせつめい
(Explanation of the situation／场景描述／Giải thích tình huống)
を聞く

▼

1～3を聞く

▼

答えをえらぶ

 朝、学校で先生に会いました。何と言いますか。

1　おはようございます。
2　おやすみなさい。
3　おつかれさまでした。

こたえ：1

POINT

最初に流れる状況説明と問題用紙に描かれたイラストから、場面や登場人物の関係をよく理解したうえで、その状況にふさわしい伝え方、受け答えを考えましょう。

Point: Once you understand the relationship between the characters and the settings from the explanation that plays in the beginning and the illustrations on the question form, think of how best to convey them and respond to the question in a way that best fits the situation.

要点：根据最初播放的场景描述以及插图，在理解对话场景或者登场人物的关系的基础上，思考适合该场合的传达和应答方式。

Điểm quan trọng: sau khi lý giải mối quan hệ giữa những người xuất hiện và ngữ cảnh từ tranh minh họa được vẽ trên đề thi và phần giải thích tình huống được nghe ban đầu, chúng ta hãy suy nghĩ cách truyền đạt, cách trả lời thích hợp với tình huống đó.

もんだい4　即時応答（そくじおうとう）　6問（もん）

質問、依頼などの短い発話を聞いて、適切な答えを選ぶ。

Listen to the short conversation about things like a question or a request and choose the most suitable answer. ／听一句简短的提问或者请求，选择最适合的应答。／ Lắng nghe câu thoại ngắn như câu hỏi, nhờ cậy v.v. để chọn câu trả lời phù hợp.

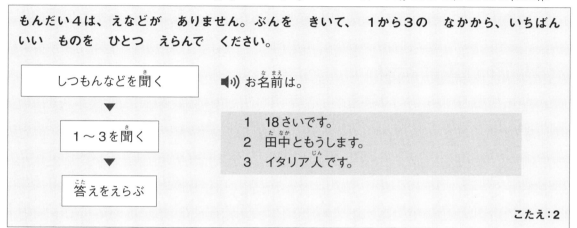

もんだい４は、えなどが　ありません。ぶんを　きいて、１から３の　なかから、いちばん
いい　ものを　ひとつ　えらんで　ください。

しつもんなどを聞（き）く

◀)) お名前（なまえ）は。

1　18さいです。
2　田中（たなか）ともうします。
3　イタリア人（じん）です。

１〜３を聞（き）く

答（こた）えをえらぶ

こたえ：2

勉強法

もんだい３と４には、挨拶や、日常生活でよく使われている依頼、勧誘、申し出などの表現がたくさん出てきます。日頃から注意して覚えておきましょう。文型についても、読んでわかるだけでなく、耳から聞いてもわかるように勉強しましょう。

Study Method: In questions 3 and 4, there are many expressions such as greetings and commonly encountered expressions for making requests, invitations and proposals. Be careful of these. Study hard so that you will be able to recognize sentence patterns not only when you read them, but also when you hear them.

学习方法：在问题3和4中，会出现很多寒暄语，也会出现很多日常生活中经常使用的请求、劝诱、提议等表达。如果平时用到或者听到这样的话语，就将它们记下来吧。句型也一样，不仅要看得懂，也要听得懂。

Phương pháp học: ở câu hỏi 3 và 4, xuất hiện nhiều câu chào hỏi và cách diễn đạt thường được sử dụng trong đời sống hằng ngày như nhờ cậy, rủ rê, đề nghị v.v. Chúng ta hãy cùng lưu ý và ghi nhớ mỗi ngày nhé. Liên quan đến mẫu câu, chúng ta không chỉ đọc và hiểu, mà chúng ta phải học để có thể nghe để hiểu.

時間の目安 ⏰ Time guide ／时间分配／ Ước lượng thời gian

試験は時間との戦いです。模試を解くときも、時間をきっちりはかって解きましょう。
下記はだいたいの目安です。

Examinations are a battle against time. Be sure to carefully measure your time, even when taking practice examinations. Below are approximate guides.
考试就像在和时间赛跑。在做模拟试题时也要好好计时。大致的时间分配请参照下表。
Thi là một cuộc chiến với thời gian. Ngay cả khi giải đề thi thử, bạn cũng hãy canh giờ thật rõ ràng để giải đề. Bảng dưới đây là bảng ước lượng thời gian làm bài.

分＝ minute ／分／ phút、秒＝ second ／秒／ giây

言語知識（文字・語彙）20分

問題 Question ／问题／ Câu hỏi	問題数 # of questions ／问题数／ Số lượng câu hỏi	かける時間の目安 Approx. time to spend ／ 大题时间分配／ Mục tiêu thời gian	1問あたりの時間 Time per question ／ 小题时间分配／ Thời gian cho từng câu hỏi
もんだい1	7問	3分	20秒
もんだい2	5問	3分	30秒
もんだい3	6問	4分	40秒
もんだい4	3問	3分	1分

言語知識（文法）・読解　40分

問題	問題数	かける時間の目安	1問あたりの時間
もんだい1	9問	5分	30秒
もんだい2	4問	4分	1分
もんだい3	4問	8分	2分
もんだい4	1問×2文	6分	短文1つ（1問）が3分
もんだい5	2問×1文	8分	中文1つ（2問）が8分
もんだい6	1問	7分	7分

聴解　30分

※日本語能力試験N5は、2020年度第2回試験より、試験時間および問題数の目安に一部変更がありました。上記問題数と目安時間は2023年現在の試験内容に基づいたものです。最新の情報は日本語能力試験のWebサイト（https://www.jlpt.jp/）をご覧ください。

※本書は変更前の試験内容に沿って制作していますので、一部問題数が異なります。

第1回 解答・解説

だい かい　かい とう　かい せつ

Answers・Explanations／解答・解说／Đáp án・giải thích

ごうかくもし　かいとうようし

N5　げんごちしき（もじ・ごい）

じゅけんばんごう　Examinee Registration Number

なまえ　Name

〈ちゅうい　Notes〉

1. くろいえんぴつ (HB、No.2) でかいて ください。
   Use a black medium soft (HB or No.2) pencil.
   （ペンやボールペンではかかないでください。）
   (Do not use any kind of pen.)

2. かきなおすときは、けしゴムできれいに にけしてください。
   Erase any unintended marks completely.

3. きたなくしたり、おったりしないでください。
   Do not soil or bend this sheet.

4. マークれい　Marking Examples

よいれい Correct Example	わるいれい Incorrect Examples
●	⊗ ⊘ ○ ◍ ⊖ ◑

もんだい1

	1	2	3	4
1	①	②	●	④
2	①	●	③	④
3	●	②	③	④
4	●	②	③	④
5	①	②	●	④
6	●	②	③	④
7	●	②	③	④
8	①	●	③	④
9	①	②	●	④
10	●	②	③	④
11	●	②	③	④
12	●	②	③	④

もんだい2

	1	2	3	4
13	①	②	③	●
14	①	②	③	●
15	●	②	③	④
16	●	②	③	④
17	①	●	③	④
18	①	②	③	●
19	①	●	③	④
20	①	②	③	●

もんだい3

	1	2	3	4
21	①	②	●	④
22	①	②	●	④
23	①	②	③	●
24	①	②	●	④
25	●	②	③	④
26	①	②	●	④
27	①	②	③	●
28	①	②	●	④
29	①	②	③	●
30	①	②	●	④

もんだい4

	1	2	3	4
31	●	②	③	④
32	①	②	③	●
33	①	②	③	●
34	●	②	③	④
35	●	②	③	④

ごうかくもし かいとうようし

N5 げんごちしき (ぶんぽう)・どっかい

じゅけんばんごう
Examinee Registration Number

なまえ
Name

〈ちゅうい Notes〉

1. くろいえんぴつ (HB、No.2) でかいて
ください。
Use a black medium soft (HB or No.2)
pencil.
(ペンやボールペンではかかないでくだ
さい。)
(Do not use any kind of pen.)

2. かきなおすときは、けしゴムできれい
にけしてください。
Erase any unintended marks completely.

3. きたなくしたり、おったりしないでくだ
さい。
Do not soil or bend this sheet.

4. マークれい Marking Examples

よいれい Correct Example	わるいれい Incorrect Examples
●	⊗ ◯ ◑ ◐ ⦸ ⬤

もんだい1

	1	2	3	4
1	①	●	③	④
2	①	②	●	④
3	①	②	③	④
4	①	②	③	●
5	①	②	③	④
6	●	②	③	④
7	①	②	③	④
8	①	●	③	④
9	①	②	●	④
10	●	②	③	④
11	①	②	③	④
12	①	●	③	④
13	①	②	③	④
14	①	②	③	●
15	①	②	●	④
16	①	②	③	④

もんだい2

	1	2	3	4
17	①	②	③	●
18	●	②	③	④
19	①	②	③	④
20	①	②	③	●
21	①	②	③	●

もんだい3

	1	2	3	4
22	①	●	③	④
23	①	●	③	④
24	①	②	③	●
25	①	②	●	④
26	①	②	③	④

もんだい4

	1	2	3	4
27	①	●	③	④
28	①	②	③	④
29	①	②	③	●

もんだい5

	1	2	3	4
30	●	②	③	④
31	●	②	③	④

もんだい6

	1	2	3	4
32	①	●	③	④

ごうかくもし かいとうようし
N5 ちょうかい

じゅけんばんごう
Examinee Registration Number

なまえ
Name

〈ちゅうい Notes〉

1. くろいえんぴつ (HB、No.2) でかいてください。
Use a black medium soft (HB or No.2) pencil.
(ペンやボールペンではかかないでください。)
(Do not use any kind of pen.)

2. かきなおすときは、けしゴムできれいにけしてください。
Erase any unintended marks completely.

3. きたなくしたり、おったりしないでください。
Do not soil or bend this sheet.

4. マークれい Marking Examples

よいれい Correct Example	わるいれい Incorrect Examples
●	⊗ ◯ ◍ ◎ ⊘ ⊖

もんだい1

	1	2	3	4
れい	①	②	③	●
1	①	②	③	●
2	①	②	③	④
3	①	②	③	④
4	①	②	③	④
5	①	②	③	④
6	①	②	③	④
7	①	②	③	④

もんだい2

	1	2	3	4
れい	①	②	③	④
1	①	②	③	④
2	①	②	③	④
3	①	②	③	④
4	①	②	③	④
5	①	②	③	④
6	①	②	③	④

もんだい3

	1	2	3
れい	①	②	③
1	①	②	③
2	①	②	③
3	①	②	③
4	①	②	③
5	①	②	③

もんだい4

	1	2	3
れい	①	②	③
1	①	②	③
2	①	②	③
3	①	②	③
4	①	②	③
5	①	②	③
6	①	②	③

第1回　採点表 (Scoring Chart ／评分表／ Bảng chấm điểm)

		配点 Allocation of points ／ 分数分配／ Thang điểm	正答数 Number of correct answers ／正答数／ Số câu trả lời đúng	点数 Number of points ／ 得分／ Số điểm đạt được
もじ・ごい	もんだい1	1点×12問	／12	／12
	もんだい2	1点×8問	／ 8	／ 8
	もんだい3	1点×10問	／10	／10
	もんだい4	2点×5問	／ 5	／10
ぶんぽう	もんだい1	2点×16問	／16	／32
	もんだい2	2点×5問	／ 5	／10
	もんだい3	3点×5問	／ 5	／15
どっかい	もんだい4	4点×3問	／ 3	／12
	もんだい5	4点×2問	／ 2	／ 8
	もんだい6	3点×1問	／ 1	／ 3
	ごうけい	120点		／120

		配点	正答数	点数
ちょうかい	もんだい1	3点×7問	／ 7	／21
	もんだい2	3点×6問	／ 6	／18
	もんだい3	3点×5問	／ 5	／15
	もんだい4	1点×6問	／ 6	／ 6
	ごうけい	60点		／60

※この採点表の配点は、アスク出版編集部が問題の難易度を判断して独自に設定しました。

*The point allocations for these scoring charts were established independently by the editors at Ask Publishing based on their assessment of the difficulty of the questions.

*此评分表的分数分配是由ASK出版社编辑部对问题难度进行评估后独自设定的。

*Thang điểm của bảng chấm điểm này do Ban Biên tập Nhà xuất bản ASK thiết lập riêng, dựa trên đánh giá độ khó dễ của đề thi.

※日本語能力試験N5は、2020年度第2回試験より、試験時間および問題数の目安に一部変更がありました。最新の情報は日本語能力試験のWebサイト（https://www.jlpt.jp/）をご覧ください。

言語知識（文字・語彙）

もんだい1

1　4　あたらしい
新しい：new ／新，崭新／ mới

🏷 2　やさしい：simple, kind ／简单；亲切／
dễ tính, hiền

3　たのしい：fun ／开心，快乐／ vui

2　1　てんき
天気：weather ／天气／ thời tiết

🏷 3　電気：light, electricity ／电灯／ điện

3　4　おもい
重い：heavy ／重／ nặng

🏷 1　おそい：slow ／慢／ chậm

2　多い：many ／多／ nhiều, đông

3　とおい：far ／远／ xa

4　3　ゆうめい
有名な：famous ／有名／ nổi tiếng

5　2　みみ
耳：ear ／耳朵／ tai

🏷 1　頭：head ／头／ đầu

3　足：leg ／脚／ chân

4　目：eye ／眼睛／ mắt

6　3　ひだり
左：left ／左边／ bên trái

🏷 1　西：west ／西边／ hướng Tây

2　東：east ／东边／ hướng Đông

4　右：right ／右边／ bên phải

7　4　ねえ
お姉さん・姉：older sister ／姐姐／ chị – chị tôi

お兄さん・兄：older brother ／哥哥／ anh – anh tôi

8　4　はいります
入ります：to enter ／进入／ vào

🏷 1　まいります：to go, to come (humble form)
／去；来（谦让语）đi, đến (khiêm ngữ)

2　帰ります：to return home ／回，归来／
về, đi về

3　いります：to need ／需要／ cần

9　1　しゃちょう
社長：company president ／社长／ giám đốc

10　4　はん
〜時半：〜：30 ／〜点半／ 〜 giờ rưỡi

🏷 1　〜分：〜 minutes ／〜分／〜 phút

3　〜本：counter suffix for cylindrical
objects ／表示细长物体的量词／〜 cây,
cái (đếm vật thon, dài)

11　1　ようか
八日：the 8th (day of a month) ／八号（日期）
／ ngày 8

🏷 2　四日：the 4th (day of a month) ／四号（日
期）／ ngày 4

3　六日：the 6th (day of a month) ／六号（日
期）／ ngày 6

4　九日：the 9th (day of a month) ／九号（日
期）／ ngày 9

12　1　なか
〜の中：inside 〜 ／…的里面／ trong 〜

もんだい2

13　3　パソコン
パソコン：personal computer (PC) ／电脑／
máy tính

14 3 先生
先生：teacher ／老师／ giáo viên, thầy cô

15 2 開けます
開けます：to open ／开，打开／ mở
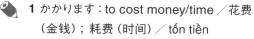 1 閉めます：to close ／关，关闭／ đóng

16 4 雨
雨：rain ／雨／ mưa

17 2 金
金曜日：Friday ／星期五／ thứ Sáu

18 4 母
母：mother ／母亲／ mẹ tôi, người mẹ
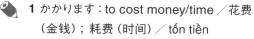 1 百：a hundred ／百／ trăm
2 白：white ／白／ màu trắng

19 1 食べます
食べます：to eat ／吃／ ăn

20 4 休みます
休みます：to rest; to take time off ／休息／ nghỉ, nghỉ ngơi

もんだい3

21 2 テレビ
テレビ：television (TV) ／电视／ tivi
ニュース：news ／新闻／ tin tức
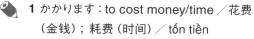 1 ボタン：button ／按钮／ nút bấm
3 フォーク：fork ／叉子／ cái nĩa
4 ギター：guitar ／吉他／ đàn ghi-ta

22 2 かりて
借ります：to borrow ／借／ mượn
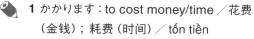 1 かかります：to cost money/time ／花费（金钱）；耗费（时间）／ tốn tiền
3 かぶります：to wear (on one's head) ／戴（帽子）／ đội (mũ)
4 帰ります：to return home ／回，归来／ về, đi về

23 4 うわぎ
上着：outer garment ／外衣／ áo khoác
 1 めがね：glasses ／眼镜／ mắt kính
2 くつ：shoe ／鞋子／ giày
3 ぼうし：hat ／帽子／ nón, mũ

24 1 およぎました
泳ぎます：to swim ／游泳／ bơi
 2 むかえます：to face ／迎，迎接／ đón
3 生まれます：to be born ／出生／ chào đời, sinh ra
4 送ります：to send ／送／ gửi, tiễn

25 1 だい
～だい：counter suffix for machines/vehicles ／表示车辆或机器的量词／ ~ chiếc (đếm xe, máy móc)
 2 ～まい：counter suffix for flat objects ／表示片状物的量词／~ tờ (đếm giấy, khăn, áo)
3 ～ひき：counter suffix for animals ／表示动物的量词／~ con (đếm con vật nhỏ)
4 ～こ：counter suffix for general things ／～个，表示一般事物的量词／~ cái, quả (đếm đồ vật nhỏ)

26 2 つめたい
つめたい：cold (to the touch) ／冷，凉／ (sờ thấy) lạnh
 1 きたない：dirty ／脏／ bẩn
3 長い：long ／长／ dài
4 いそがしい：busy ／忙／ bận rộn

27 3 かけます
（電話を）かけます：to make a (phone) call ／打（电话）／ gọi (điện thoại)
 1 話します：to talk ／说，讲／ nói chuyện
2 （電気を）つけます：to turn on light ／开（灯）／ bật điện
4 はらいます：to pay ／支付／ trả tiền

28 4 どちら

どちら：which, where (polite form) ／哪个；哪里／cái nào, đằng nào

 1 いつ：when ／什么时候／khi nào

3 どこ：where ／哪里／ở đâu

29 3 じょうず

じょうずな：skillful ／擅长，拿手／giỏi

 1 きれいな：clean, beautiful ／干净；漂亮／đẹp, sạch

2 おいしい：delicious ／好吃，美味／ngon

4 べんりな：convenient ／便利，方便／tiện lợi

30 4 とらないで

〜ないで　ください：please do not 〜／请不要…／xin đừng 〜

（写真を）とります：to take (a picture) ／拍（照片）／chụp (ảnh)

 1 （たばこを）すいます：to smoke (a cigarette) ／吸（烟）／hút (thuốc)

2 のぼります：to climb ／攀，登／leo lên

3 ぬぎます：to take off ／脱，脱下／cởi

もんだい 4

31 1 しごとは　9じに　はじまって　5じに　おわります。

Aから　Bまで：from A to B ／从A到B ／từ A đến B

始まります：to begin ／开始／bắt đầu

終わります：to end ／结束／kết thúc

 3・4 〜時間：〜 hours ／〜小时／〜 tiếng đồng hồ

32 2 せんせいは　いま　がっこうに　いません。

もう：already, again ／已经；再／đã rồi

 1 まだ：still, (not) yet ／还（未），仍旧／vẫn còn, vẫn chưa

4 ときどき：sometimes ／有时／thỉnh thoảng

33 1 ちちの　ちちは　けいさつかんです。

そふ：grandfather ／祖父／ông tôi

けいさつかん：police officer ／警察／cảnh sát

父：father ／父亲／cha tôi

 2 母：mother ／母亲／mẹ tôi

3 きょうだい：sibling ／兄弟姐妹／anh chị em

4 りょうしん：parents ／父母／cha mẹ

34 3 いもうとは　いつも　ひまじゃ　ありません。

妹：younger sister ／妹妹／em gái

毎日：every day ／每天／mỗi ngày, hằng ngày

いそがしい：busy ／忙／bận rộn＝ひまじゃない

 1・2 ときどき：sometimes ／有时／thỉnh thoảng

3・4 いつも：always ／经常，总是／luôn luôn, lúc nào cũng

1 にぎやかな：lively ／热闹／náo nhiệt

2 たのしい：fun ／开心，快乐／vui vẻ

4 へたな：unskillful ／不擅长，拙劣／dở

35 1 かなさんは　あいさんに　おもしろいDVDを　かしました。

かなさん→［DVD］→あいさん

Aは　Bに　〜を　借ります：A borrows 〜 from B ／A向B借…／A mượn 〜 từ B

Bは　Aに　〜を　貸します：B lends 〜 to A ／B借给A…／B cho A mượn 〜

おもしろい：interesting ／有趣／thú vị, hay

 2・4 Aは　Bに　〜を　もらいます：A receives 〜 from B ／A从B处得到…／A được B cho 〜

言語知識（文法）・読解

◆ 文法

もんだい1

1 2 に
[時間]＋に：at [~ o'clock] ／在，于（表示时间）／lúc + [thời gian]
れい　毎朝 9時に 起きます。

2 3 を
[場所]＋を：場所を 通過することを 表す。
(This expresses passing through a place.／表示通过某处。／Diễn tả việc đi qua nơi chốn.)
れい　公園を さんぽします。

3 2 で
～ で 何が いちばん 好きですか：What is your favorite out of ~? ／在…中你最喜欢什么? ／ Trong ~, bạn thích cái gì nhất?
れい　この クラスで だれが いちばん せが 高いですか。

4 4 や
Aや B：代表的な ものを 例に あげる。(This presents something as a representative example of something. ／例举具有代表性的事物。／ Đưa ra ví dụ mang tính điển hình.)
れい　ひきだしの 中に はさみや ペンが あります。

5 3 の
Aの B：Bについて、説明や情報（A）を 加える。(This is used when adding an explanation or information (A) about B. ／在添加有关B的说明或信息(A)时使用。／ Dùng khi giải thích hay bổ sung thông tin A về B.)

れい　日本語の 本／女の 先生

6 2 ね
ね：「共感」を 表す。(This expresses sympathy. ／表示同感或共鸣。／ Diễn tả "sự đồng cảm".)
れい　A「暑いですね。」 B「そうですね。」

7 3 この
この＋[名詞]：this [noun] ／这个[名词] ／ [danh từ] + này
れい　この カレーは からいです。

8 4 あまり
あまり ～ない：not really ~ ／不怎么… ／ không ~ lắm
れい　きょうは あまり さむくない。

9 4 も
Aは ～です。 Bも ～です。：Bが Aと 同じ 性質が あることを 表す。(This expresses that B has the same properties as A. ／表示B具有与A相同的性质。／ Diễn tả B có tính chất giống với A.)
れい　木村さんは 日本人です。田中さんも 日本人 です。

10 1 あそびに
[動詞ます形]＋に 行きます：go to [ます form verb] ／去做某事（使用动词ます形）／ Đi + [động từ thể ます]
れい　海へ およぎに 行きます。

11 2 どの
どの＋[名詞]：which [noun] ／哪个[名词] ／ [danh từ] + nào
れい　どの 本を 買いますか。

12 **3　どのぐらい**

どのぐらい：how much ／多长时间；多少钱
／khoảng bao lâu

れい　A「大学まで **どのぐらい** かかります
か。」B「1時間ぐらいです。」

13 **3　だれも**

だれも ～ません：no one will ～／谁也没…／
không ai ～ cả

れい　まだ **だれも** 来ません。

14 **1　なにに**

～に します：1つを 選ぶときに 使う。(This
is used when choosing one thing. ／表示从
众多事物中选择其中一个。／ Dùng khi chọn 1
cái.)

れい　お昼ごはんは サンドイッチに します。

15 **4　かぶっている**

～を かぶります：to wear ～ (on one's head)
／（从头上）戴，盖，蒙／đội ～

～ている 人：その 人の 服や 身に つけている
ものを 説明する。(This is used to describe
a person's clothing or something they are
wearing. ／对某人的着装或身上佩戴的物品进
行说明。／ Giải thích về quần áo hay những
gì người đó phục sức.)

れい　A「ダンさんは どの人 ですか。」B「黒
い セーターを **着ている 人**です。」

16 **2　おねがいします**

よろしく おねがいします：はじめて 会った 人
に 言う あいさつ (This is a greeting used
when meeting someone for the first time.
／对初次见面的人说的寒暄语。／ Lời chào
nói với người lần đầu tiên gặp.)

もんだい2

17 **3**

大学 2の 4べんきょう 3は 1どう ですか。
～は どうですか：How is ～?／…怎么样?／
～ thì sao?

18 **1**

わたしは日本の 2うた 4を 1うたう 3の
がすきです。
[動詞辞書形] ＋のが 好きです：I like doing
[dictionary form verb]. ／喜欢做某事（使用动
词辞书形）／ Tôi thích + [động từ thể tự điển].
歌：song ／歌曲／ bài hát
歌う：to sing ／唱歌／ hát, ca

19 **3**

山川さんは 1おんがくを 4きき 3ながら
2しゅくだいを しています。
A [動詞ます形] ＋ながら＋B [動詞]：doing
B [verb] while also doing A [ます form verb]
／做A[动词ます形]的同时也在做B[动词]。／
vừa [động từ thể ます] A + vừa [động từ] B.
宿題：homework ／作业／ bài tập

20 **4**

この 3教室 1では 4たばこ 2を すわ
ないでください。
～ないで ください：please do not ～／请不要
…／ xin đừng ～

21 **4**

りょこうのとき、 2ふるい 1おてらへ 4行
ったり 3スキーを したりしました。
～たり、～たり：do things like ～ and ～／又…
又…（表示例举）／ khi thì ～, khi thì ～

もんだい3

22　2　に

［場所］＋に：人が いる 場所や、ものが ある 場所を 表す。(This expresses where a person or thing is. ／表示人或者事物存在的场所。／ Diễn tả nơi có người hay nơi có đồ vật.)

23　1　でも

でも：but, even ／但是／ nhưng

🖊 2　もっと：more ／更／ hơn nữa

　3　では：well then ／那么／ vậy thì

　4　あとで：later ／在…之后；稍后／ để sau

24　4　働いて　います

仕事を 表す ときに「〜て います」を 使う。(When talking about doing a job, 〜ています is used. ／表示工作时使用 "〜 て います"。／ sử dụng「〜ています」khi diễn tả công việc)

れい　銀行で **働いて　います**。［仕事 (work ／工作／ Làm việc)］

今 ごはんを **食べて　います**。［動作の 進行 (progress of an activity ／动作的进行／ tiến độ hoạt động)］

25　3　休みでした

「きのう」だから、過去の 意味を 表す 表現を 使う。(Because the topic is "yesterday", expressions that indicate past events are used. ／因为是 "昨天"，所以要使用过去式。／ Dùng cách diễn đạt diễn tả ý nghĩa quá khứ, vì là "hôm qua".)

26　2　会いたいです

また：again ／再，再次／ nữa

れい　**また** 遊びに 来て ください。

〜たいです：I want to 〜 ／想要…／ muốn 〜

れい　のどが かわきましたから、水が **飲みたいです**。

◆ 読解

もんだい４

(1) 27 3

> わたしは　子どもの　とき、きらいな　食べものが　ありました。にくと　やさいは　好きでしたが、**さかなは　好きじゃ　ありませんでした。** 今は、さかな料理も　大好きで、よく　食べます。でも、今　ダイエットを　していますから、あまいものは　食べません。

さかなは 好きじゃ なかった＝さかなが きらいだった

えよう

□にく：meat ／肉／ thịt
□やさい：vegetable ／蔬菜／ rau
□さかな：fish ／魚／ cá
□ダイエット：diet ／減肥／ ăn kiêng
□あまいもの：sweets ／甜食／ đồ ngọt

(2) 28 4

> コウさんへ
>
> 映画の　チケットが　２まい　あります。いっしょに　行きませんか。場所は、駅の　前の　映画館です。今週の　土曜日か　日曜日に　行きたいです。
>
> **コウさんは　いつが　いいですか。電話で　教えて　ください。**
>
> メイ

メイさんに 電話を かけて、いつ 行きたいか 言う。

えよう

□映画：movie ／电影／ phim (màn ảnh rộng)
□チケット：ticket ／票／ vé
□映画館：movie theater ／电影院／ rạp chiếu phim
□教えます：to teach ／告知／ dạy, chỉ, cho biết

(3) 29 3

Aクラスの　みなさんへ

高木先生が　病気に　なりました。今日の　午後の　授業は　ありません。

あしたは　午後から　授業が　あります。**あさっては　午前だけ　授業が　あります。**

あさっての　授業で　かんじの　テストを　しますから、テキストの21ページから　23ページまでを　べんきょうして　ください。

12月15日

ASK日本語学校

かんじの　テストは　あさっての　午前に　する。

今日は　12月15日だから、あさっては　12月17日。

⭐ 覚えよう

□病気に　なります：to become sick ／生病／ bị bệnh
□午後：afternoon ／下午／ buổi chiều (từ 12 giờ trưa)
□授業：class ／上课／ giờ học
□あさって：the day after tomorrow ／后天／ ngày mốt
□午前：morning ／上午／ buổi sáng (đến 12 giờ trưa)
□テキスト：textbook ／课本，教科书／ sách giáo khoa

もんだい5

30 2 31 2

ルカさんと　出かけました

リン・ガク

先週の　日曜日、朝ごはんを　食べた　あとで、おべんとうを　作りました。わたしは　料理が　好きですから、いつも　じぶんで　ごはんを　作ります。それから、ルカさんと　会って、いっしょに　海へ　およぎに　行きました。わたしは　たくさん　およぎました。でも、ルカさんは　①およぎませんでした。30「きのう　おそくまで　おきて　いましたから、ねむいです。」と言って、休んで　いました。　そのあと、わたしが　作った　おべんとうを　いっしょに　食べました。

ルカさんは　来週　たんじょうびですから、プレゼントを　あげました。電車の　本です。ルカさんは、電車が　好きで、いつも　電車の　話を　しますが、わたしは　よく　わかりません。きのう、図書館で　②電車の　本を　かりました。31この本を　読んで、ルカさんと　電車の　話を　したいです。

30　きのう おそくまで おきていて ねむい。だから、およがなかった。

31　ルカさんと 電車の 話を したい。だから、電車の 本を かりた。

覚えよう

☐おべんとう：bento, boxed lunch ／便当／cơm hộp
☐泳ぎます：to swim ／游泳／bơi
☐誕生日：birthday ／生日／sinh nhật
☐電車：train ／电车／tàu điện
☐あまり　わかりません：I don't really understand ／不是很懂／không hiểu lắm
☐図書館：library ／图书馆／thư viện
☐借ります：to borrow ／借／mượn

もんだい6

32 2

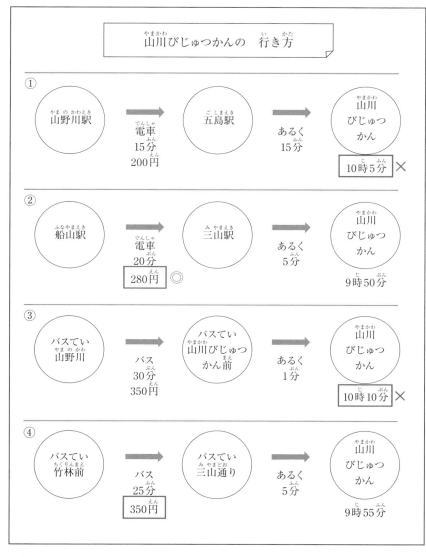

山川びじゅつかんの　行き方

① 山野川駅 → 電車 15分 200円 → 五島駅 → あるく 15分 → 山川びじゅつかん　10時5分 ×

② 船山駅 → 電車 20分 280円 ◎ → 三山駅 → あるく 5分 → 山川びじゅつかん　9時50分

③ バスてい 山野川 → バス 30分 350円 → バスてい 山川びじゅつかん前 → あるく 1分 → 山川びじゅつかん　10時10分 ×

④ バスてい 竹林前 → バス 25分 350円 → バスてい 三山通り → あるく 5分 → 山川びじゅつかん　9時55分

 えよう

□美術館：art museum ／美术馆／ bảo tàng mỹ thuật
□行き方：how to go ／怎么去，走法／ cách đi
□バスてい：bus stop ／巴士站／ trạm xe buýt

10時までに 行きたい

→ ①と ③は ×

安い ほうが いい

→ ④より ②のほうが 安い

文字・語彙

文法

読解

聴解

聴解
ちょうかい

もんだい1

れい　4
🔊 N5_1_03

男の人と女の人が話しています。女の人は、明日まずどこへ行きますか。

M：明日、映画を見に行きませんか。

F：すみません。明日はアメリカから友だちが来ますから、ちょっと…。

M：そうですか。空港まで行きますか。

F：いいえ、電車の駅で会います。それから、いっしょに動物園へ行きます。

女の人は、明日まずどこへ行きますか。

1ばん　4
🔊 N5_1_04

女の人と男の人が話しています。女の人ははじめに何をしますか。

F：すみません。パスポートを作りたいんですが…。

M：では、この紙に名前と住所などを書いてください。それから、3階の受付に行ってください。写真を持ってきましたか。

F：あ、家にわすれました。

M：では、**書く前に、2階で写真をとってください。** ────

F：はい、わかりました。

女の人ははじめに何をしますか。

まず、写真を とる。そのあとで、紙に 書く。

⭐覚えよう

□パスポート：passport ／护照／hộ chiếu
□紙：paper ／纸，纸张／giấy
□住所：address ／住址／địa chỉ
□受付：reception ／接待处／quầy lễ tân
□写真を とります：to take a picture ／拍照／chụp ảnh

2ばん　3

N5_1_05

会社で、女の人と男の人が話しています。女の人は何を買ってきますか。

F：おなかがすきましたね。みんなの昼ごはんを買ってきましょうか。

M：えっ、いいですか。ありがとうございます。

F：私はサンドイッチを食べます。中村さんもサンドイッチですか。

M：私はおにぎりがいいです。田中さんと山下さんは、おべんとうがいいと思います。

F：わかりました。じゃ、行ってきます。

女の人は何を買ってきますか。

女の人：サンドイッチ

男の人（中村さん）：おにぎり

田中さんと 山下さん：おべんとう×2

覚えよう

□おなかが すきます：to get hungry ／肚子饿／đói bụng
□サンドイッチ：sandwich ／三明治／bánh mì sandwich, bánh mì gối
□おにぎり：rice ball ／饭团／cơm nắm
□おべんとう：bento, boxed lunch ／便当／cơm hộp

3ばん　3

N5_1_06

学校で、男の学生と女の先生が話しています。男の学生は本をどこに置きますか。

M：先生、日本語の本を返します。どうもありがとうございました。

F：いいえ。じゃあ、たなの中にもどしてください。

M：はい。時計の下のたなでいいですか。

F：あ、すみません。次の授業でリーさんに貸しますから、私のつくえの上に置いてください。

M：わかりました。

男の学生は本をどこに置きますか。

男の学生は、先生のつくえの 上に 本を 置く。

覚えよう

□置きます：to put, to place ／放，搁／đặt, để ※辞書形は「置く」
□返します：to return ／返还，归还／trả lại

第1回

文字・語彙

文法

読解

聴解

045

□たな：shelf ／架子／ kệ, giá

□もどします：to return, to give back ／放回／ trả lại, để lại

□貸します：to lend ／借出／ cho mượn

□つくえ：desk ／桌子／ bàn

4ばん　2

教室で、先生が学生に話しています。学生は、明日何時に教室へ
行きますか。

F：明日のテストは、1ばんの教室でします。10時半まではほかのク
ラスが使います。このクラスは11時からです。テストの説明をし
ますから、テストが始まる10分前に教室へ来てください。

学生は、明日何時に教室へ行きますか。

—— 11時から テストが 始
まる。

—— テストが 始まる 10分
前＝10時50分

⭐覚えよう

□教室：classroom ／教室／ lớp học, phòng học

□使います：to use ／使用／ sử dụng

□説明を します：to explain ／说明／ giải thích

5ばん　2

男の人と女の人が話しています。男の人はどこへ行きますか。

M：すみません。銀行に行きたいんですが…。

F：銀行ですか。まず、この道をまっすぐ行ってください。あそこにデ
パートがありますね。あの道を右にまがってください。花屋のと
なりにありますよ。

M：わかりました。ありがとうございます。

男の人はどこへ行きますか。

—— デパートが ある 交差点
を 右に まがる。花屋
の となりに ある。

⭐覚えよう

□銀行：bank ／银行／ ngân hàng

□デパート：department store ／商场，百货商店／ cửa hàng bách hóa

□右に まがります：to turn right ／向右转／ rẽ phải

□花屋：flower shop ／花店／ tiệm hoa

□〜の となり：next to 〜 ／…的旁边／ bên cạnh 〜

電話で、レストランの人と男の人が話しています。男の人はいつレストランへ行きますか。

F：お電話ありがとうございます。さくらレストランです。

M：あのう、明日の7時に3人で予約をしたいんですが…。　　　　　　明日＝月曜日

F：申し訳ありません。毎週月曜日はお休みです。火曜日か水曜
　　日はどうですか。

M：うーん、水曜日はちょっと…。あさっての7時はどうですか。　　　あさって＝火曜日

F：はい、だいじょうぶです。あさっての7時ですね。

M：はい。よろしくおねがいします。

男の人はいつレストランへ行きますか。

★覚えよう

□予約：reservation ／予約／ đặt trước
□だいじょうぶ：「問題ない」という意味。(This means "no problem".
　／表示 "没问题"。／có nghĩa là " không có sao")

花屋で、お店の人と男の人が話しています。男の人はどれを買いますか。

F：いらっしゃいませ。

M：あのう、花を買いたいんですが。

F：お誕生日のプレゼントですか。

M：はい。友だちの誕生日です。

F：では、この大きい花はどうですか。とてもきれいですよ。

M：そうですね。じゃあ、それを2本ください。　　　　　　　　　　大きい花を2本、小
　　　　　　　　　　　　　　　　　　　　　　　　　　　　　　　さい花を3本買う。
F：あ、こちらの小さい花もいっしょにどうですか。もっときれいですよ。

M：そうですね。じゃあ、小さい花も3本ください。

F：わかりました。ありがとうございます。

男の人はどれを買いますか。

第
1
回

文字・語彙

文
法

読
解

聴
解

□花屋：flower shop ／花店／ tiệm hoa
□誕生日：birthday ／生日／ sinh nhật
□もっと：more ／更／ hơn nữa

もんだい2

れい　3

🔊 N5_1_12

学校で、男の学生と女の先生が話しています。男の学生はいつ先生と話しますか。

M：先生、レポートのことを話したいです。

F：そうですか。これから会議ですから、3時からはどうですか。

M：すみません、3時半からアルバイトがあります。

F：じゃあ、明日の9時からはどうですか。

M：ありがとうございます。おねがいします。

F：10時からクラスがありますから、それまで話しましょう。

男の学生はいつ先生と話しますか。

デパートで、男の人とお店の人が話しています。男の人のかばんはどれですか。

M：すみません。このお店にかばんをわすれましたが、知りませんか。

F：どんなかばんですか。

M：**黒くて大きいかばんです。**

F：かばんの中に何が入っていますか。

M：カギと手紙とペンが入っています。あ、**ペンはポケットに入っていますから、カギと手紙だけです。**

F：こちらのかばんですか。

M：あ、はい。ありがとうございます。

男の人のかばんはどれですか。

— かばんには カギと手紙が 入っている。

えよう

□かばん：bag ／皮包，公事包／ túi xách
□カギ：key ／钥匙／ chìa khóa
□手紙：letter ／信，信件／ lá thư
□ポケット：pocket ／口袋／ túi

女の人と男の人が話しています。二人は明日何をしますか。

F：ミンクさん、明日の午後、一緒にプールへ泳ぎに行きませんか。

M：すみません、明日は朝、田中さんとテニスをしてから、レストランへ行きます。ちょっとつかれますから、**プールじゃなくて、公園をさんぽしませんか。**

F：いいですね。じゃ、明日の午後、会いましょう。

二人は明日何をしますか。

— つかれるから、泳ぎたくない。さんぽが いい。

えよう

□プール：pool ／游泳池／ hồ bơi
□さんぽします：to take a walk ／散步／ đi dạo

第1回

文字・語彙

文法

読解

聴解

学校で、先生が学生に話しています。学生は、明日何を持って行き
ますか。

F：明日はみんなで美術館に行きます。学校からバスで行きますか
　ら、チケットを買う<u>お金を持ってきてください</u>。それから、美術
　館の人のお話を聞きますから、<u>ペンとノートもいります</u>。写真を
　とってはいけませんから、<u>カメラは持ってこないでくださいね</u>。<u>食
　べものや飲みものもだめです</u>。

学生は、明日何を持って行きますか。

持って 行くもの：お金、
ペン、ノート

持って 行かないもの：
カメラ、食べもの、飲
みもの

⭐ えよう

□美術館：art museum ／美术馆／ bảo tàng mỹ thuật
□チケット：ticket ／票／ vé
□いります：to need ／需要／ cần

女の人と男の人が話しています。女の人は、お父さんの誕生日プ
レゼントに何を買いますか。

F：来週、父の誕生日です。誕生日プレゼントは、何がいいと思
　いますか。

M：時計はどうですか。いいお店を知っていますよ。

F：<u>時計ですか…。ちょっと高いですね。</u>　　　　　　　　━━ 時計：高い

M：じゃあ、お酒はどうですか。お父さん、好きなワインはあります
　か。

F：<u>父はお酒があまり好きじゃないから…。</u>　　　　　　　━━ お酒：あまり 好きじゃ
　　　　　　　　　　　　　　　　　　　　　　　　　　　　ない

M：うーん…、おさいふやネクタイとかは？

F：そうですね。<u>この前、新しいネクタイがほしいと言っていました</u>　━━ ネクタイを 買う。
　<u>から、それにします。</u>

女の人は、お父さんの誕生日プレゼントに何を買いますか。

⭐覚えよう

□時計：time／钟表／đồng hồ
□お酒：alcohol／酒／rượu sake
□ワイン：wine／红酒／rượu vang
□さいふ：wallet／钱包，钱夹／ví
□ネクタイ：necktie／领带／cà-vạt

5ばん　1

🔊N5_1_17

男の人と女の人が話しています。男の人の妹は、どんな仕事をしていますか。

M：木村さんは何人家族ですか。

F：私は父と母と姉の4人家族です。田中さんは？

M：私は6人家族で、兄と弟と妹がいます。兄は病院で働いています。弟は電気の会社で働いていて、**妹は外国人に日本語を教えています。**

F：そうですか。私の姉は、銀行で働いていますよ。

男の人の妹は、どんな仕事をしていますか。

男の人の妹は日本語の先生。

⭐覚えよう

□病院：hospital／医院／bệnh viện
□働きます：to work／工作／làm việc
□電気の会社：electric company／电力公司／công ty điện lực
□外国人：foreigner／外国人／người nước ngoài
□銀行：bank／银行／ngân hàng

学校で、女の先生と男の学生が話しています。学生はどうして授業におくれましたか。

F：リンさん、どうして授業におくれましたか。

M：先生、すみません。

F：おなかがいたいですか。

M：いいえ、元気です。

F：では、どうしてですか。

M：**今日は雨ですから、自転車に乗りませんでした。電車に乗りましたが、はじめてでしたから、駅から学校までの道がわかりませんでした。**

学生はどうして授業におくれましたか。

──── 学校までの 道が わからなかったから おくれた。

 えよう

□〜に おくれます：to be late for 〜／迟，迟到／trễ 〜

□おなかが 痛いです：(one's) stomach hurts ／肚子疼／đau bụng

□自転車：bicycle ／自行车／xe đạp

□道：street, road ／道路／con đường, đường đi

もんだい3

れい　1　◀) N5_1_20

朝、学校で先生に会いました。何と言いますか。

F：1　おはようございます。

　　2　おやすみなさい。

　　3　おつかれさまでした。

1ばん　1　◀) N5_1_21

友だちが家に遊びに来ました。何と言いますか。

M：1　どうぞ入ってください。

　　2　どうぞ来てください。

　　3　どうぞ行ってください。

2ばん　2　◀) N5_1_22

朝、学校に行きます。家の人に何と言いますか。

F：1　さようなら。

　　2　いってきます。

　　3　おつかれさまです。

3ばん　2　◀) N5_1_23

友だちが元気がないです。何と言いますか。

F：1　どうしましょうか。

　　2　どうしましたか。

　　3　どうしますか。

元気が　ない：to be in low spirits ／没精神, 无精打采／ không khỏe

4ばん　3　◀) N5_1_24

友だちに旅行の写真を見せたいです。何と言いますか。

M：1　これ、見ないでください。

　　2　これ、見せてください。

　　3　これ、見てください。

見ます：to see, watch ／看／ nhìn, xem　て形は「見て」、ない形は「見ない」

見せます：to show ／给别人看／ cho xem　て形は「見せて」、ない形は「見せない」

5ばん　1　◀) N5_1_25

学校から家に帰りました。家の人に何と言いますか。

M：1　ただいま。

　　2　いらっしゃい。

　　3　おかえりなさい。

文字・語彙

文法

読解

聴解

もんだい4

れい　2　　🔊 N5_1_27

> F：お名前は。
>
> M：1　18さいです。
>
> 　　2　田中ともうします。
>
> 　　3　イタリア人です。

1ばん　2　　🔊 N5_1_28

> F：もう晩ごはんを食べましたか。
>
> M：1　いいえ、もう食べません。
>
> 　　2　いいえ、まだです。
>
> 　　3　はい、食べます。

もう：already, again ／已经；再／đã rồi

まだ：still ／还（未），仍旧／ vẫn chưa

2ばん　1　　🔊 N5_1_29

> M：手つだいましょうか。
>
> F：1　いいえ、けっこうです。
>
> 　　2　はい、手つだっています。
>
> 　　3　どういたしまして。

けっこうです＝手つだわなくて　いいです／一人で　だいじょうぶです

3ばん　1　　🔊 N5_1_30

> F：今、いそがしいですか。
>
> M：1　そうですね。少しいそがしいです。
>
> 　　2　そうですね。いそがしかったです。
>
> 　　3　そうですね。いそがしくなかったです。

「今、～ですか。」だから、2と3は×。

4ばん　2　　🔊 N5_1_31

> M：いつアメリカへ行きましたか。
>
> F：1　友だちと行きました。
>
> 　　2　去年行きました。
>
> 　　3　飛行機で行きました。

いつ：when ／什么时候／ khi nào

飛行機：airplane ／飞机／ máy bay

5ばん　3　　🔊 N5_1_32

> F：何を買いたいですか。
>
> M：1　10万円です。
>
> 　　2　デパートで買います。
>
> 　　3　カメラがほしいです。

買いたいです＝ほしいです

M：それ、借りてもいいですか。

F：1　いいえ、借りません。

2　はい、借りますよ。

3　はい、どうぞ。

借ります：to borrow ／借／mượn

～ても いいですか：Is it okay to ~? ／可以…吗? ／~ có được không?

第2回 解答・解説

だい　かい　　かいとう　　かいせつ

Answers・Explanations／解答・解说／Đáp án・giải thích

ごうかくもし　かいとうようし

N5　げんごちしき（もじ・ごい）

じゅけんばんごう　Examinee Registration Number

なまえ　Name

〈ちゅうい　Notes〉

1. くろいえんぴつ (HB、No.2) でかいて ください。
   Use a black medium soft (HB or No.2) pencil.
   （ペンやボールペンではかかないでください。）
   (Do not use any kind of pen.)
2. かきなおすときは、けしゴムできれいにけしてください。
   Erase any unintended marks completely.
3. きたなくしたり、おったりしないでください。
   Do not soil or bend this sheet.
4. マークれい　Marking Examples

よいれい Correct Example	わるいれい Incorrect Examples
●	⊗ ⊘ ○ ⦸ ⊖ ◑

もんだい1

	1	2	3	4
1	①		●	④
2	①		●	④
3	①		●	④
4	①	②		●
5	●	②	③	④
6	●	②	③	④
7	●	②	③	④
8	①	②		●
9	①	②	③	●
10	①	②	③	●
11	●	②	③	④
12	①	②	③	●

もんだい2

	1	2	3	4
13	●	②	③	④
14	①	●	③	④
15	①	●	③	④
16	●	②	③	④
17	①	②	●	④
18	①	②	●	④
19	①	②	●	④
20	●	②	③	④

もんだい3

	1	2	3	4
21	①	②	③	●
22	①	②	③	●
23	①	②	●	④
24	①	②	③	●
25	①	②	●	④
26	①	②	③	●
27	①	●	③	④
28	①	②	●	④
29	①	●	③	④
30	①	②	③	●

もんだい4

	1	2	3	4
31	①	②	●	④
32	●	②	③	④
33	①	②	●	④
34	①	②	●	④
35	①	●	③	④

ごうかくもし　かいとうようし

N5　げんごちしき（ぶんぽう）・どっかい

じゅけんばんごう
Examinee Registration Number

なまえ
Name

〈ちゅうい　Notes〉

1. くろいえんぴつ (HB、No.2) でかいて
   ください。
   Use a black medium soft (HB or No.2)
   pencil.
   （ペンやボールペンではかかないでくだ
   さい。）
   (Do not use any kind of pen.)

2. かきなおすときは、けしゴムできれい
   にけしてください。
   Erase any unintended marks completely.

3. きたなくしたり、おったりしないでくだ
   さい。
   Do not soil or bend this sheet.

4. マークれい Marking Examples

よいれい Correct Example	わるいれい Incorrect Examples
●	⊗ ◯ ◯ ◯ ⊜ ⊖ ◑ ⬤

もんだい1

1	①	●	③	④
2	●	②	③	④
3	①	②	③	●
4	①	②	③	●
5	①	②	●	④
6	①	●	③	④
7	①	②	●	④
8	①	②	●	④
9	①	②	●	④
10	●	②	③	④
11	①	②	●	④
12	①	②	●	④
13	①	●	③	④
14	①	②	●	④
15	①	●	③	④
16	①	②	③	●

もんだい2

17	①	②	③	●
18	①	②	●	④
19	①	②	③	●
20	①	②	●	④
21	①	②	●	④

もんだい3

22	①	●	③	④
23	①	●	③	④
24	①	②	●	④
25	●	②	③	④
26	●	②	③	④

もんだい4

27	●	②	③	④
28	①	●	③	④
29	●	②	③	④

もんだい5

30	①	②	③	④
31	①	●	③	④

もんだい6

32	●	②	③	④

ごうかくもし かいとうようし

N5 ちょうかい

第2回

じゅけんばんごう
Examinee Registration Number

なまえ
Name

〈ちゅうい Notes〉

1. くろいえんぴつ (HB、No.2) でかいて
ください。
Use a black medium soft (HB or No.2)
pencil.
(ペンやボールペンではかかないでくだ
さい。)
(Do not use any kind of pen.)

2. かきなおすときは、けしゴムできれい
にけしてください。
Erase any unintended marks completely.

3. きたなくしたり、おったりしないでくだ
さい。
Do not soil or bend this sheet.

4. マークれい Marking Examples

よいれい Correct Example	わるいれい Incorrect Examples
●	⊗ ◌ ◯ ◑ ⊕ ⦷ ◖ ●

もんだい1

	1	2	3	4
れい	①	②	●	④
1	①	●	③	④
2	①	②	●	④
3	①	●	③	④
4	①	②	●	④
5	①	②	●	④
6	①	②	●	④
7	①	②	●	④

もんだい2

	1	2	3	4
れい	①	②	③	●
1	①	②	●	④
2	①	②	●	④
3	●	②	③	④
4	●	②	③	④
5	①	②	③	●
6	①	②	③	●

もんだい3

	1	2	3
れい	●	②	③
1	●	②	③
2	●	②	③
3	①	②	●
4	①	②	③
5	①	②	③

もんだい4

	1	2	3
れい	●	②	③
1	●	②	③
2	①	②	●
3	●	②	③
4	●	②	③
5	①	②	③
6	①	②	③

第2回　採点表 (Scoring Chart ／評分表／ Bảng chấm điểm)

		配点 Allocation of points ／ 分数分配／ Thang điểm	正答数 Number of correct answers ／正答数／ Số câu trả lời đúng	点数 Number of points ／ 得分／ Số điểm đạt được
もじ・ご	もんだい1	1点×12問	／12	／12
	もんだい2	1点×8問	／ 8	／ 8
	もんだい3	1点×10問	／10	／10
	もんだい4	2点×5問	／ 5	／10
ぶんぽう	もんだい1	2点×16問	／16	／32
	もんだい2	2点×5問	／ 5	／10
	もんだい3	3点×5問	／ 5	／15
どっかい	もんだい4	4点×3問	／ 3	／12
	もんだい5	4点×2問	／ 2	／ 8
	もんだい6	3点×1問	／ 1	／ 3
	ごうけい	120点		／120

		配点	正答数	点数
ちょうかい	もんだい1	3点×7問	／ 7	／21
	もんだい2	3点×6問	／ 6	／18
	もんだい3	3点×5問	／ 5	／15
	もんだい4	1点×6問	／ 6	／ 6
	ごうけい	60点		／60

※この採点表の配点は、アスク出版編集部が問題の難易度を判断して独自に設定しました。

*The point allocations for these scoring charts were established independently by the editors at Ask Publishing based on their assessment of the difficulty of the questions.

*此评分表的分数分配是由ASK出版社编辑部对问题难度进行评估后独自设定的。

*Thang điểm của bảng chấm điểm này do Ban Biên tập Nhà xuất bản ASK thiết lập riêng, dựa trên đánh giá độ khó dễ của đề thi.

※日本語能力試験N5は、2020年度第2回試験より、試験時間および問題数の目安に一部変更がありました。
　最新の情報は日本語能力試験のWebサイト（https://www.jlpt.jp/）をご覧ください。

言語知識（文字・語彙）

もんだい1

1 2 がいこく
外国：foreign country ／外国／ ngoại quốc, nước ngoài

2 2 くがつ
九月：September ／九月／ tháng 9

3 2 はな
花：flower ／花／ hoa
🖊 1 顔：face ／脸／ mặt
3 木：tree ／树／ cây
4 空：sky ／天空／ bầu trời

4 4 こないで
来ます：to come ／来／ đến
※辞書形は「来る」、ない形は「来ない」

5 3 あし
足：leg ／脚／ chân
🖊 1 うで：arm ／手臂／ cánh tay
2 頭：head ／头／ đầu
4 首：neck ／脖子／ cổ

6 2 かわ
川：river ／河川／ sông
🖊 1 いけ：pond ／池子，池塘／ ao
3 家：house ／家／ nhà
4 道：street, road ／道路／ con đường, đường đi

7 1 たかい
高い：expensive ／昂贵／ cao
山：mountain ／山／ núi
🖊 2 広い：spacious, wide ／宽敞／ rộng

3 きれいな：clean, beautiful ／干净；漂亮／ sạch, đẹp
4 遠い：far ／远／ xa

8 3 なんぼん
何本：how many (cylindrical) items ／多少根／ mấy cây, mấy cái (vật thon dài)

9 3 きた
北：north ／北／ hướng Bắc
🖊 1 東：east ／东／ hướng Đông
2 西：west ／西／ hướng Tây
4 南：south ／南／ hướng Nam

10 3 うえ
〜の上：on 〜／…的上面／ trên 〜
🖊 1 〜の前：in front of 〜／…的前面／ trước 〜
2 〜の横：next to 〜／…的旁边／ bên cạnh 〜
4 〜の下：below 〜／…的下面／ dưới 〜

11 1 せんげつ
先月：the previous month ／上个月／ tháng trước

12 4 でます
出ます：to come out ／出，出去／ (nước) chảy ra, hiện ra
🖊 1 います：to be (animate objects) ／在／ có, ở
2 します：to do ／做／ làm
3 寝ます：to sleep ／睡觉／ ngủ

もんだい2

13 1 アイスクリーム
アイスクリーム：ice cream ／冰淇淋／ kem

14 4 夜
<ruby>夜<rt>よる</rt></ruby>：night ／夜晚／ buổi tối

1 <ruby>朝<rt>あさ</rt></ruby>：morning ／早上／ buổi sáng

2 <ruby>昼<rt>ひる</rt></ruby>：lunch ／白天／ buổi trưa

3 <ruby>夕方<rt>ゆうがた</rt></ruby>：evening ／傍晚／ buổi chiều tối

15 3 話します
<ruby>話<rt>はな</rt></ruby>します：to speak ／说话，讲／ nói chuyện

1 <ruby>読<rt>よ</rt></ruby>みます：to read ／读，看，阅读／ đọc

16 1 見て
<ruby>見<rt>み</rt></ruby>ます：to see, watch ／看／ xem, nhìn, thấy

17 4 中
～の<ruby>中<rt>なか</rt></ruby>：inside ~ ／…的里面／ trong ~

18 4 同じ
<ruby>同<rt>おな</rt></ruby>じ：same ／相同／ giống nhau

19 4 書きます
<ruby>書<rt>か</rt></ruby>きます：to write ／写／ viết

20 1 来週
<ruby>来週<rt>らいしゅう</rt></ruby>：next week ／下个星期／ tuần tới

3 <ruby>今週<rt>こんしゅう</rt></ruby>：this week ／这个星期／ tuần này

4 <ruby>先週<rt>せんしゅう</rt></ruby>：last week ／上个星期／ tuần trước

もんだい3

21 4 まい
～まい：counter suffix for flat objects ／表示片状物的量词／~ tờ (đếm giấy, áo, khăn)

 1 ～はい：counter suffix for cups ／～杯（量词）／~ ly, cốc (có đồ uống)

2 ～さつ：counter suffix for books ／～本，～册，表示书本的量词／~ quyển, cuốn

3 ～だい：counter suffix for machines/ vehicles ／表示车辆或机器的量词／~ chiếc (đếm xe, máy móc)

22 4 おります
（<ruby>電車<rt>でんしゃ</rt></ruby><ruby>を</ruby>）おります：to get off (a train) ／（从电车上）下来／ xuống (tàu điện)

 1 とおります：to go past, to go through ／通过，经过／ đi qua

2 （<ruby>写真<rt>しゃしん</rt></ruby>を）とります：to take (a picture) ／拍（照片）／ chụp (ảnh)

3 （<ruby>電車<rt>でんしゃ</rt></ruby>に）のります：to get on (a train) ／搭乘（电车）／ lên (tàu điện)

23 1 しめて
（まどを）<ruby>閉<rt>し</rt></ruby>めます：to close (a window) ／关（窗）／ đóng (cửa sổ)

 2 <ruby>入<rt>い</rt></ruby>れます：to put in ／放入／ cho vào

3 （<ruby>電気<rt>でんき</rt></ruby>を）つけます：to turn on (a light) ／开（灯）／ mở, bật (đèn)

4 （<ruby>電気<rt>でんき</rt></ruby>を）けします：to turn off (a light) ／关（灯）／ tắt (đèn)

24 4 げんきな
<ruby>元気<rt>げんき</rt></ruby>な：lively, healthy ／精神；身体硬朗／ khỏe mạnh

 1 かんたんな：simple ／简单／ đơn giản

2 むりな：impossible ／难以办成，办不到／ quá sức

3 べんりな：convenient ／便利，方便／ tiện lợi

25 3 エアコン
エアコン：air conditioner ／空调／ máy điều hòa

 1 スプーン：spoon ／勺子／ cái thìa, muỗng

2 コンビニ：convenience store ／便利店／ cửa hàng tiện lợi

4 デザイン：design ／设计／ thiết kế, mẫu mã

26 4 わすれました
わすれます：to forget ／忘记／ quên

しゅくだい：homework ／作业／ bài tập

文字・語彙

文法

読解

聴解

🏷 1 はらいます：to pay ／支付／ trả tiền

2 ひきます：to pull, to play (a string instrument) ／拉扯；弾奏（乐器）／ kéo, chơi (đàn)

3 まけます：to lose ／输／ thua

27 3 からい
からい：spicy ／辣／ cay

🏷 1 まるい：round ／圆／ tròn

2 強い：strong ／强／ mạnh

4 弱い：weak ／弱／ yếu

28 2 べんきょう
勉強：studying ／学习／ việc học

🏷 1 そうじ：cleaning ／打扫／ lau quét nhà

3 食事：eating a meal ／吃饭，用餐／ bữa ăn

4 せんたく：washing clothes ／洗衣服／ giặt giũ

29 2 かさ
かさ：umbrella ／伞／ cái ô, cây dù
こまります：to be troubled ／为难，困扰／ gay go, khó khăn

🏷 1 めいし：noun, business card ／名词, 名片 ／ danh từ, danh thiếp

3 写真：picture ／照片／ ảnh, hình

4 時計：clock ／钟表／ đồng hồ

30 4 わたって
わたります：to cross ／渡，穿过／ băng qua
道：street, road ／道路／ con đường, đường đi

🏷 1 切ります：to cut ／切，割／ cắt

2 持ちます：to hold ／持，拿／ cầm, giữ

3 作ります：to make ／制作／ làm, nấu

もんだい4

31 2 きのうの　よるから　あめが　ふって います。
夕べ：last evening ／昨晩／ tối hôm qua＝き のうの　夜

32 1 きょうしつは　せまいです。
せまい：narrow ／狭窄／ chật, hẹp＝広くない

🏷 2 大きい：big ／大／ lớn

3 近い：near ／近／ gần

4 明るい：bright ／明亮／ tươi sáng, khỏe khoắn

33 3 あした　しごとに　いきます。
仕事：job ／工作／ công việc
仕事は　休みでは　ありません＝仕事に　行きます

34 3 このまちは　にぎやかじゃ　ありません。
しずかな：quiet ／安静／ yên tĩnh＝にぎやかじ ゃない

🏷 1 きれいな：beautiful, clean ／漂亮；干净 ／ sạch sẽ, đẹp

2 つまらない：boring ／无聊／ nhàm chán

4 じょうぶな：durable ／坚固, 结实／ chắc, bền, vững chãi

35 2 ともだちを　くうこうへ　つれていき ました。
（～を）送ります：to send (~) ／送(…)／ tiễn, dẫn (~) đi＝（～を）つれていきます
空港：airport ／机场／ sân bay

🏷 1 一人で：alone, by oneself ／一个人, 独自 ／ một mình

4 ～に　会います：to meet ~ ／和…见面／ gặp ~

言語知識（文法）・読解

◆ 文法

もんだい1

1 2 に
［場所］＋に：at [a place] ／在某处／ ở + [địa điểm]
れい　トイレは 2階に あります。
～の そば：near ~ ／…的旁边／ bên cạnh ~

2 1 の
AのB：Bについて、所有や 性質（A）を 加える。(This expresses A (ownership or properties) about B. ／表示B的所属或者性质（A）。／ Diễn tả sở hữu hay tính chất (A) của B.)
れい　これは 会社の パソコンです。

3 4 から
～て から：after doing ~ ／…之后／ sau khi làm ~
れい　おふろに 入ってから 寝ます。

4 3 まで
［時間］＋まで：until [a time] ／表示时间的终点／ cho đến + [thời gian]
れい　6時まで 仕事を します。

5 2 に
［名詞］＋に 行きます：one will go to [noun] ／去[名词] ／ đi (để) + [danh từ]
れい　友だちと スキーに 行きます。

6 3 か
AかB：A or B ／A或者B／ A hoặc B
れい　1月か 2月に 国へ 帰ります。

7 4 ひまな
「とき」は 名詞だから、「～な」の 形に する。(Because とき is a noun, the ～な form is used. ／因为"とき"是名词，所以要用"～な"的形式。／ Vì "とき" là danh từ nên đổi sang hình thức "~ な".)
れい　有名な レストランへ 行きました。

8 3 だけ
～だけ：only ~ ／只，仅／ chỉ ~
れい　りんごを 1つだけ 買いました。
～回：~ times ／～次／ ~ lần

9 3 だれの
だれの：whose ／谁的／ của ai
［人］＋の＋［名詞］：[someone]'s [noun] ／[人]的[名词] ／ [danh từ] + của + [người]
れい　A「これは だれの くつですか。」B「それは まいさんの（くつ）です。」
※「の」の あとの［名詞］は 省略できる。(The noun that comes after の can be omitted. ／"の"后面的名词可以省略。／ Có thể giản lược [danh từ] sau "の".)

10 1 かいて います
まだ ～て います：still doing ~ ／还在…／ vẫn đang ~
れい　昼の12時ですが、まだ 寝て います。

11 2 どんな
どんな＋［名詞］：what kind of [noun] ／什么样的[名词] ／ [danh từ]+ như thế nào
れい　東京は どんな まちですか。

12 **2 まえに**

［動詞辞書形］＋まえに：before doing [dictionary form verb] ／…之前（使用动词辞书形）／ trước khi + [động từ thể tự điển]

れい　友だちが 家に 来る まえに、料理を 作ります。

13 **1 ぜんぜん**

ぜんぜん 〜ません：do not 〜 at all ／完全没… ／ hoàn toàn không 〜

れい　きのうの テストは ぜんぜん わかりませんでした。

 　2　ちょうど：just ／正好, 恰好 ／ vừa đúng, kịp lúc

　　　3　もういちど：one more time ／再一次 ／ một lần nữa

　　　4　とても：very ／非常 ／ rất

14 **3 いません**

「人」について 言っているから、動詞は「あります」ではなく、「います」を 使う。(Because this is talking about 人(people), the verb います is used rather than the verb あります. ／由于是在描述人，所以动词要用 "います" 而不是 "あります"。／ Vì đang nói về "người" nên không sử dụng động từ あります, mà sử dụng động từ います.

れい　教室には だれも いません。【人】
　　　はこの 中には 何も ありません。【もの】

15 **1 食べませんか**

〜ませんか：Won't you 〜? ／要不要…? ／ không 〜 sao?

れい　日曜日、いっしょに 買いものに 行きませんか。

16 **4 いくらですか**

店の 人が もう一度 「450円です。」と 言っている。→中田さんは 値段が わからなかった。(The store clerk is repeating 450円です.

→Nakata-san did not know the price. ／因为店员重复说了一次 "450円です"，由此可以推断出中田不知道价钱。／ Người của cửa tiệm nói 1 lần nữa là "450 yên". →Anh Nakata đã không biết giá.)

いくらですか：How much is it? ／多少钱? ／ bao nhiêu tiền

 　1　どちらですか：Where is it? ／在哪里? ／ cái nào, đằng nào

　　　2　なんじですか：What time is it? ／几点? ／ mấy giờ

　　　3　どなたですか：Who is it? ／哪位? ／ ai, người nào (kính ngữ)

もんだい2

17 **3**

わたしのへや 2は　4ふるい 3です 1が ひろいです。

〜が、〜：反対の ことを 言うときに 使う。(This is used when something contrary. ／表示与之相反的事情时使用。／ Sử dụng khi nói điều ngược lại.)

れい　この レストランは 有名じゃないですが、とても おいしいです。

18 **4**

これは　2ことし 1の 4カレンダー 3じゃ ありません。

今年：this year ／今年／ năm nay

カレンダー：calendar ／日历／ lịch

19 **3**

キムさんの 4いちばん 1たいせつな 3もの 2は 何ですか。

いちばん〜：most 〜, number one 〜 ／最…／ 〜 nhất

20 3

わたしの いもうと　4は　2かみ　3が　1ながい　です。

Aは Bが ～：as for A, B is ～／A的B…／B của A thì ～

れい　今日は 天気が いいです。

21 4

この　しゅくだいは　2火曜日　1まで　4に 3出して　ください。

宿題：homework ／作业／ bài tập

～までに：until ～／在…之前／ chậm nhất ～, hạn chót ～

れい　4時までに 電話を してください。

もんだい3

22 3 たくさん

たくさん：a lot ／很多，大量／ nhiều

 1 よく：often ／经常／ thường

2 これから：from now ／从现在开始／ từ bây giờ

4 もうすぐ：soon ／马上，快要／ sắp sửa

23 1 行きたいです

～たいです：I want to ～／想要…／ muốn ～

れい　新しい パソコンを 買いたいです。

24 2 あまり

あまり ～ません：don't really ～／不怎么…／ không ～

れい　日本の うたは あまり うたいません。

25 1 でも

学校が ある 日は 勉強が いそがしいです ⇔夏休みは アニメを 見ました

でも：but, even ／但是／ nhưng

2 だから：because ／所以／ vì vậy

3 それから：and then ／接着，然后／ từ đó

4 それに：beside ／而且，再加上／ thêm vào đó

26 1 見ましょう

～ましょう：let's ～／让我们…吧／ hãy ～ nào

れい　いっしょに 昼ごはんを 食べましょう。

◆ **読解**

もんだい４

(1) ☑27 4

今日 学校の 前に 本やへ 行きました。 でも、わたしが
読みたい 本は ありませんでした。 それから、図書館へ 行っ
て、本を かりました。 かりた本を きょうしつで 少し 読みま
した。この 本は 来月 図書館に かえします。

—— 本やでは 本を 買わな
かった。

—— 学校の きょうしつで 本
を 読んだ。

えよう

□本屋：book store ／书店／ tiệm sách
□図書館：library ／图书馆／ thư viện
□借ります：to borrow ／借／ mượn
□教室：classroom ／教室／ lớp học, phòng học
□来月：next month ／下个月／ tháng tới
□返します：to return, to give back ／返还，归还／ trả lại

(2) ☑28 1

学生の みなさんへ

来週の 月曜日は かんじの テストです。 テストは 10時40分
から、142きょうしつで します。

9時から 10時35分までは 141きょうしつで ぶんぽうの じゅ
ぎょうを します。

じゅぎょうの あと、141きょうしつで 待っていて ください。先
生が 名前を よびに 行きます。

—— じゅぎょうが あるから、
9時に 学校へ 行く。
そのあと、きょうしつで
先生を 待つ。

えよう

□名前を よびます：to call someone's name ／叫某人的名字／ gọi tên

ファンさん

　きのう　家族から　くだものを　もらいましたから、
ファンさんに　あげたいです。　ファンさんの　へやに　持って　行っ
ても　いいですか。　ファンさんが　へやに　いる　時間を　教えて
ください。

　わたしは　今日　夕方まで　学校が　ありますが、そのあとは
ひまです。　あしたの　夜は　アルバイトが　ありますが、昼までな
ら　いつでも　だいじょうぶです。

吉田

今日：学校の　あとは
ひま

あした：昼まで　だいじ
ょうぶ

えよう

□くだもの：fruit ／水果／ trái cây
□もらいます：to receive ／得到／ nhận
□あげます：to give ／给／ cho, tặng
□ひまな：free time, leisure ／闲，空闲／ rảnh rỗi
□だいじょうぶな：fine, okay ／没关系，不要紧／ ổn, được

第2回

文字・語彙

文法

読解

聴解

30 4　31 2

日本の　テレビ

ワン・チェン

　わたしは　先月、友だちに　テレビを　もらいました。大きい
テレビです。日本に　来て　はじめて　テレビを　見ました。ニュ
ースを　見ましたが、日本語が　むずかしくて　ぜんぜん　わかりま
せんでした。

　先週、テレビで　わたしの　町の　ニュースを　見ました。わた
しの　町の　おまつりの　ニュースでした。**30**日本語は　むずかし
かったですが、少し　わかりました。とても　うれしかったです。

　わたしは、毎朝　テレビで　ニュースを　見て、ニュースの　日本
語を　おぼえます。学校の　教科書に　ない　ことばも　おぼえ
ます。日本語の　勉強が　できますから、とても　いいです。学
校へ　行くときは、電車の　中で　スマホで　国の　ニュースを
見ます。国の　ニュースは　よく　わかりますから、たのしいです。

　31あしたは　学校が　休みですから、友だちが　わたしの　うち
へ　来ます。友だちと　いっしょに　テレビで　日本の　ニュース
を　見て　新しい　ことばを　勉強します。

30 日本語の ニュース
が 少し わかったから、
うれしかった。

31 あした、友だちと
テレビで 日本の ニュー
スを 見て 日本語の こ
とばを 勉強する。

 えよう

□ニュース：news ／新闻／ tin tức
□おまつり：festival ／祭典，庙会／ lễ hội
□おぼえます：to learn ／学会，掌握／ nhớ, ghi nhớ
□教科書：textbook ／教科书／ sách giáo khoa
□スマホ：smart phone ／智能手机／ điện thoại thông minh

もんだい6

さくら市　スポーツクラブの　お知らせ

さくら市の　スポーツクラブを　しょうかいします。

みんなで　スポーツを　しませんか。

★さくらFC

金曜日の　夜 に　サッカーを　します。

子どもから　おとなまで　いろいろな　人が　います！

★SAKURAバスケットチーム

土曜日の　10時から　12時まで バスケットボールを　しています。

友だちも　たくさん　できますよ！

★バレーボールクラブ

日曜日の　夕方に　たのしく　バレーボールを　しましょう！

バレーボールを　したい人は　だれでも　だいじょうぶです！

★サクラテニス

毎週、日曜日の　朝に テニスを　します。

はじめての　人にも　やさしく　おしえます！

月曜日から 金曜日は 学校と アルバイトが ある。→サッカーは ×

土曜日と 日曜日の 午前中は べんきょうを する。→バスケットボールと テニスは ×

★覚えよう

□紹介します：to introduce ／介紹／ giới thiệu
□サッカー：soccer ／足球／ bóng đá
□バスケットボール：basketball ／篮球／ bóng rổ
□バレーボール：volleyball ／排球／ bóng chuyền
□テニス：tennis ／网球／ quần vợt

もんだい1

れい4　　　　　　　　　　　　　　　　　　🔊 N5_2_03

男の人と女の人が話しています。女の人は、明日まずどこへ行きますか。

M：明日、映画を見に行きませんか。

F：すみません。明日はアメリカから友だちが来ますから、ちょっと…。

M：そうですか。空港まで行きますか。

F：いいえ、電車の駅で会います。それから、いっしょに動物園へ行きます。

女の人は、明日まずどこへ行きますか。

1ばん　2　　　　　　　　　　　　　　　　🔊 N5_2_04

銀行で、銀行の人と男の人が話しています。男の人は、紙にどう書きますか。

F：この紙に、名前を書いてください。名前の下に、住所を書いてください。住所は漢字で書いて、上にひらがなを書いてくださいね。一番下には、電話番号を書いてください。

M：あのう、名前は英語で書きますか。

F：いいえ、カタカナでおねがいします。

M：はい、わかりました。

男の人は、紙にどう書きますか。

住所は漢字とひらがなで書く。

名前はカタカナで書く。

⭐ 覚えよう
- □銀行：bank ／银行／ngân hàng
- □住所：address ／住址／địa chỉ
- □電話番号：phone number ／电话号码／số điện thoại

□英語：English ／英语／ tiếng Anh

2ばん　4

女の人と男の人が話しています。　男の人は何を持って行きますか。

F：来週は、花見ですね。　**私はおかしを持って行きますね。**

M：じゃあ、私は飲みものを持って行きます。　飲みものは何がいい
ですか。

F：そうですね。　じゃあ、**ジュースとお茶を2本ずつおねがいします。**

M：わかりました。　2本ずつですね。

男の人は何を持って行きますか。

→ おかしは 女の人 が 持って 行く。

→ 男の人は、ジュースを 2本と お茶を 2本 持って 行く。

えよう
□花見：flower viewing ／赏花／ ngắm hoa
□〜ずつ：～ each ／各…／ với mỗi, từng ~

3ばん　1

男の人と女の人が話しています。　男の人はどこへ行きますか。

M：すみません。　近くに郵便局はありますか。

F：あの大きい銀行、見えますか。　あそこの交差点を左にまがっ
て、少し歩きます。　郵便局は、コンビニのとなりですよ。

M：あ、ありがとうございます。

男の人はどこへ行きますか。

→ 銀行を 左に まがる。コンビニの となりに ある。

えよう
□郵便局：post office ／邮局／ bưu điện
□銀行：bank ／银行／ ngân hàng
□交差点：intersection ／十字路口／ giao lộ
□まがります：to turn ／转弯／ rẽ, quẹo
□コンビニ：convenience store ／便利店／ cửa hàng tiện lợi
□〜の となり：next to ～ ／…的旁边／ bên cạnh ~

第2回

文字・語彙

文法

読解

聴解

病院で、医者と男の人が話しています。 男の人は、今晩どのくすりを飲みますか。

F：うーん…、かぜですね。 くすりを出しますから、今晩から飲んでください。 ごはんのあとに、この白くて小さいくすりを2つ、白くて大きいくすりを1つ飲んでください。 ── 今晩：白くて 小さい くすり ×2、白くて 大きい くすり ×1

M：わかりました。 この黒いくすりも飲みますか。

F：黒いくすりは、明日の朝、飲んでください。 ── 明日の朝：黒い くすり

M：わかりました。 ありがとうございます。

男の人は、今晩どのくすりを飲みますか。

⭐覚えよう

□医者：doctor ／医生／ bác sĩ
□今晩：tonight ／今晩／ tối nay
□くすりを 飲みます：to take medicine ／吃药，喝药／ uống thuốc
□白い：white ／白，白的／ trắng
□黒い：black ／黑，黑的／ đen

5ばん　1

電話で、お店の人と女の人が話しています。女の人はいつお店に行きますか。

M：お電話ありがとうございます。あおばカフェです。

F：すみません。昨日、お店でかさをわすれたと思います。黄色いかさ、ありませんでしたか。

M：えーと、黄色いかさですね…。ああ、ありますよ。

F：よかった。私のです。あのう、日曜日の夜、取りに行ってもいいですか。

M：申し訳ありません、<u>日曜日はお休みです。土曜日はどうですか。</u>

F：<u>土曜日ですか。わかりました。お昼でもいいですか。</u>

M：はい、だいじょうぶですよ。

女の人はいつお店に行きますか。

> 日曜日は 休みだから、土曜日の 昼に かさを取りに 行く。

えよう

□かさ：umbrella ／傘／ cái ô, cây dù
□黄色い：yellow ／黄色／ màu vàng

6ばん　4

電話で、男の学生と女の先生が話しています。学生は学校ではじめに何をしますか。

M：先生、すみません。今起きました。

F：そうですか。じゃあ、はやく学校に来てください。

M：はい、すみません。

F：私はこれから、ほかのクラスで授業がありますから、<u>私のつくえの上に、宿題を出してください。それから、教室に行ってください。</u>

M：はい、わかりました。すみませんでした。

学生は学校ではじめに何をしますか。

> まず、先生 つくえの 上に、宿題を 出す。それから、教室へ 行く。

えよう
□起きます：to wake up ／起床／ thức dậy　※辞書形は「起きる」
□ほかの 〜：other 〜 ／其他的…，別的…／〜 khác
□つくえ：desk ／桌子／ bàn
□宿題：homework ／作業／ bài tập

7ばん　2

学校で、先生が学生に話しています。　学生は、明日の朝どのバス
に乗りますか。

M：明日は、博物館に行きます。　博物館には、バスで来てください。
　博物館へ行くバスは、24番と25番ですが、朝は25番の白いバ
　スに乗ってください。24番のバスは午後からで、朝はありませ
　ん。　気をつけてください。

学生は、明日の朝どのバスに乗りますか。

25番の 白い バスに
乗る。24番の バスは、
朝は ない。

えよう
□博物館：museum ／博物馆／ bảo tàng
□午後：afternoon ／下午／ buổi chiều (từ 12 giờ trưa)
⇔ 午前：morning ／上午／ buổi sáng (đến12 giờ trưa)

もんだい2

れい　3

学校で、男の学生と女の先生が話しています。男の学生はいつ先生
と話しますか。

M：先生、レポートのことを話したいです。

F：そうですか。　これから会議ですから、3時からはどうですか。

M：すみません、3時半からアルバイトがあります。

F：じゃあ、明日の9時からはどうですか。

M：ありがとうございます。　おねがいします。

F：10時からクラスがありますから、それまで話しましょう。

男の学生はいつ先生と話しますか。

女の人と男の人が話しています。　男の人の弟は何が好きですか。

F：山田さんは、きょうだいがいますか。

M：弟と妹がいます。　私はスポーツが好きですが、<u>弟はいつもゲームをしています。</u>　妹は、料理を作ることと、本を読むことが好きです。

F：そうですか。　きょうだいみんな、ちがいますね。

男の人の弟は何が好きですか。

> いつも ゲームをしている＝ゲームが 好き

えよう

□きょうだい：sibling ／兄弟姐妹／ anh chị em
□スポーツ：sports ／体育运动／ thể thao
□ゲーム：game ／游戏／ game (trò chơi)
□ちがいます：to be different ／不同，不一样／ khác

やおやで、男の人とお店の人が話しています。　男の人はいくらはらいますか。

M：すみません。　この80円のトマトを3つください。

F：はい、ありがとうございます。　<u>このトマト、2つで150円ですよ。</u>

M：そうですか。　<u>じゃあ、もう1つおねがいします。</u>

F：はい、ありがとうございます。

男の人はいくらはらいますか。

> 「もう1つおねがいします。」→全部で4つ買う。
>
> 2つで150円だから、4つで300円。

えよう

□トマト：tomato ／西红柿／ cà chua
□2つで 150円：two for ¥150 ／两个150日元／ 2 quả 150 yên
※［数］で［値段］：[number] for [price] ／［数量］一共［价钱］／ [số lượng] [giá]
□もう1つ：one more ／再多一个／ thêm 1 quả

第2回

文字・語彙

文法

読解

聴解

3ばん 1

大学で、女の人と男の人が話しています。 男の人は、昨日どうやって学校に来ましたか。

F：山田さんのアパートから学校まで、どのぐらいですか。

M：少し遠いです。 自転車で30分ぐらいかかります。

F：たいへんですね。 バスはありませんか。

M：ありますが、あまり乗りません。 雨の日だけ、バスに乗ります。

F：昨日は雨でしたね。 バスで来ましたか。

M：いいえ、タクシーで来ました。 朝、つかれていましたから。 ──── 昨日は タクシーで 学校
へ 来た。

F：そうですか。

M：はい。 でも、帰るときは歩きました。

男の人は、昨日どうやって学校に来ましたか。

⭐覚えよう

□アパート：apartment ／公寓／căn hộ
□自転車：bicycle ／自行车／xe đạp
□たいへんな：difficult, terrible ／费劲，真够受的／vất vả
□タクシー：taxi ／出租车／taxi

4ばん 1

男の人と女の人が話しています。 二人は、明日まずどこで会いますか。

M：明日の映画、何時からですか。

F：午後2時からですよ。

M：じゃあ、映画の前に、デパートのレストランで、ごはんを食べませんか。

F：いいですね。 じゃあ、レストランの前で会いましょうか。

M：えーと、駅前のバスていから、いっしょに行きましょう。 ──── バスていで 会ってから、
レストランで いっしょに
ごはんを 食べる。

F：わかりました。 そうしましょう。

二人は、明日まずどこで会いますか。

覚えよう

□バスてい：bus stop ／巴士站／ trạm xe buýt

5ばん　2

) N5_2_17

学校で、先生が学生に話しています。　先生はいつ宿題を返しますか。

M：みなさん、来週の水曜日はテストです。　今日、宿題があります
　　から、来週の月曜日に出してください。**私が宿題を見て、次**
　　の日に返します。よく勉強してくださいね。

先生はいつ宿題を返しますか。

月曜日：学生が宿題を
出す

火曜日：先生が宿題を
返す

水曜日：テスト

覚えよう

□宿題：homework ／作业／ bài tập
□宿題を見ます：to look at one's homework ／检查作业／ kiểm tra
bài tập
□次の日：the next day ／第二天，翌日／ ngày tiếp theo
□返します：to return, to give back ／返还，归还／ trả lại

6ばん　3

) N5_2_18

女の人と男の人が話しています。　女の人は何人で旅行に行きました
か。

F：山田さん、これ、おみやげです。

M：ありがとうございます。　どこのおみやげですか。

F：沖縄です。**夫と、夫の両親といっしょに行きました。**

M：へえ、いいですね。

女の人は何人で旅行に行きましたか。

女の人＋夫＋夫の
両親→4人

覚えよう

□おみやげ：souvenir ／礼物，土特产／ quà
□夫：husband ／丈夫／ chồng tôi, người chồng
□両親：parents ／父母／ cha mẹ

第2回

文字・語彙

文法

読解

聴解

もんだい3

れい　1　　　🔊 N5_2_20

朝、学校で先生に会いました。　何と言いますか。

M：1　おはようございます。

　　2　おやすみなさい。

　　3　おつかれさまでした。

1ばん　1　　　🔊 N5_2_21

友だちにプレゼントをあげます。　何と言いますか。

F：1　これ、どうぞ。

　　2　これ、どうも。

　　3　これ、どうでしたか。

プレゼントを あげる人「これ、<u>どうぞ</u>。」

プレゼントを もらう人「<u>どうも</u> ありがとう。」

2ばん　1　　　🔊 N5_2_22

タクシーに乗っています。　駅に行きたいです。　何と言いますか。

M：1　駅まで、おねがいします。

　　2　駅まで、行きませんか。

　　3　駅がほしいです。

タクシーの運転手 (taxi driver ／出租车司机／ tài xế taxi) に、行きたい 場所を 言う。

3ばん　3　　　🔊 N5_2_23

先生の家に入ります。　何と言いますか。

F：1　失礼です。

　　2　失礼でした。

　　3　失礼します。

4ばん　2　　　🔊 N5_2_24

はじめて会う人にあいさつをします。　何と言いますか。

M：1　はじめてです。

　　2　はじめまして。

　　3　はじめますね。

はじめまして：はじめて 会う 人に 言う あいさつ (This is a greeting used when meeting someone for the first time. ／对初次见面的人说的寒暄语。／ lời chào nói với người gặp lần đầu tiên.)

始めます：to begin ／开始／ bắt đầu

5ばん　2　　　🔊 N5_2_25

友だちがかぜをひきました。　何と言いますか。

F：1　おつかれさまです。

　　2　お大事に。

　　3　お元気で。

お大事に：病気や けがを した 人に 言う あいさつ (This is a greeting used with people who are sick or injured. ／对生病或者受伤的人说的寒暄语。／ lời chào nói với người bị bệnh, bị thương.)

お元気で：人と わかれる ときに 言う あいさつ
(This is a greeting used when parting with someone. ／离别时说的寒暄语。／ lời chào nói khi chia tay người khác.)

空港：airport ／机场／ sân bay

どのぐらい かかりますか：How long will it take? ／需要花多长时间? ／ mất bao lâu
※時間や 値段に 使う。 (This is used for time and the cost of something. ／用于询问所需时长或者所需费用。／ Sử dụng khi nói thời gian, giá cả.)

もんだい4

れい　2　🔊 N5_2_27

```
F：お名前は。

M：1　18さいです。

　　2　田中ともうします。

　　3　イタリア人です。
```

1ばん　1　🔊 N5_2_28

```
F：トイレはどこですか。

M：1　3階ですよ。

　　2　きれいですよ。

　　3　2つありますよ。
```

～は どこですか：Where is ~? ／…在哪里? ／ ~ ở đâu?

2ばん　3　🔊 N5_2_29

```
F：ここから空港まで、どのぐらいかかりますか。

M：1　12時に出ます。

　　2　バスで行きます。

　　3　1時間です。
```

3ばん　2　🔊 N5_2_30

```
M：テストはどうでしたか。

F：1　がんばってください。

　　2　あまりわかりませんでした。

　　3　たくさん勉強しました。
```

どうでしたか：How was (it)? ／怎么样了? ／ đã thế nào?

4ばん　2　🔊 N5_2_31

```
F：山田先生のこと、知っていますか。

M：1　いいえ、しません。

　　2　いいえ、知りません。

　　3　いいえ、知っていません。
```

知っていますか：Do you know? ／你知道吗? ／ có biết không

答えるときは「知りません」。 3の「知っていません」という 言い方は ない。

5ばん　1　🔊 N5_2_32

```
M：少し休みませんか。

F：1　そうですね。休みましょう。

　　2　そうですね。休みませんでした。

　　3　そうですね。休みです。
```

文字・語彙

文法

読解

聴解

〜ませんか：Won't you ~? ／要不要…？／
không ~ sao?

〜ましょう：Let's ~. ／让我们…吧／ hãy ~
nào!

6ばん　1　　　　　　　　🔊 N5_2_33

M：お子さんは何さいですか。

F：1　8さいです。

　　2　学校にいます。

　　3　二人います。

第3回 解答・解説

だい かい かい とう かい せつ

Answers・Explanations／解答・解说／Đáp án・giải thích

N5 げんごちしき（もじ・ごい）

第3回

じゅけんばんごう　Examinee Registration Number

なまえ　Name

〈ちゅうい　Notes〉

1. くろいえんぴつ (HB、No.2) でかいて ください。
   Use a black medium soft (HB or No.2) pencil.
   （ペンやボールペンではかかないでください。）
   (Do not use any kind of pen.)

2. かきなおすときは、けしゴムできれいに けしてください。
   Erase any unintended marks completely.

3. きたなくしたり、おったりしないでくだ さい。
   Do not soil or bend this sheet.

4. マークれい　Marking Examples

よいれい Correct Example	わるいれい Incorrect Examples
●	⊗ ◯ ◍ ◑ ⊖ ▨

もんだい1

	1	2	3	4
1	①	●	③	④
2	①	②	③	④
3	①	②	③	④
4	①	②	③	④
5	①	②	③	④
6	①	②	③	④
7	①	②	③	④
8	①	②	③	④
9	①	②	③	④
10	①	②	③	④
11	①	②	③	④
12	①	②	③	④

もんだい2

	1	2	3	4
13	①	②	③	④
14	①	②	③	④
15	①	②	③	④
16	①	②	③	④
17	①	②	③	④
18	①	②	③	④
19	①	②	③	④
20	①	②	③	④

もんだい3

	1	2	3	4
21	①	●	③	④
22	①	②	③	④
23	①	②	③	④
24	①	②	③	④
25	①	②	③	④
26	①	②	③	④
27	①	②	③	④
28	①	②	③	④
29	①	②	③	④
30	①	②	③	④

もんだい4

	1	2	3	4
31	①	②	③	④
32	①	②	③	④
33	①	②	③	④
34	①	②	③	④
35	①	②	③	④

ごうかくもし　かいとうようし

N5　げんごちしき（ぶんぽう）・どっかい

第3回

じゅけんばんごう
Examinee Registration Number

なまえ
Name

〈ちゅうい　Notes〉

1. くろいえんぴつ（HB、No.2）でかいてください。
Use a black medium soft (HB or No.2) pencil.
（ペンやボールペンではかかないでください。）
(Do not use any kind of pen.)

2. かきなおすときは、けしゴムできれいにけしてください。
Erase any unintended marks completely.

3. きたなくしたり、おったりしないでください。
Do not soil or bend this sheet.

4. マークれい　Marking Examples

よいれい Correct Example	わるいれい Incorrect Examples
●	⊗ ◊ ○ ◉ ⊕ ⊖ ⬤

もんだい1

	1	2	3	4
1	①	●	③	④
2	①	●	③	④
3	①	②	●	④
4	●	②	③	④
5	①	②	●	④
6	①	②	●	④
7	①	●	③	④
8	●	②	③	④
9	①	●	③	④
10	①	②	●	④
11	①	②	●	④
12	①	●	③	④
13	●	②	③	④
14	①	②	●	④
15	●	②	③	④
16	①	②	●	④

もんだい2

	1	2	3	4
17	①	②	●	④
18	①	●	③	④
19	①	②	●	④
20	●	②	③	④
21	①	②	●	④

もんだい3

	1	2	3	4
22	●	②	③	④
23	①	●	③	④
24	①	②	●	④
25	①	●	③	④
26	①	②	●	④

もんだい4

	1	2	3	4
27	●	②	③	④
28	①	②	●	④
29	①	②	●	④

もんだい5

	1	2	3	4
30	●	②	③	④
31	①	②	●	④

もんだい6

	1	2	3	4
32	①	●	③	④

ごうかくもし かいとうようし

N5 ちょうかい

第3回

じゅけんばんごう
Examinee Registration Number

なまえ
Name

〈ちゅうい Notes〉

1. くろいえんぴつ (HB、No.2) でかいて
ください。
Use a black medium soft (HB or No.2)
pencil.
（ペンやボールペンではかかないでくだ
さい。）
(Do not use any kind of pen.)

2. かきなおすときは、けしゴムできれい
にけしてください。
Erase any unintended marks completely.

3. きたなくしたり、おったりしないでくだ
さい。
Do not soil or bend this sheet.

4. マークれい Marking Examples

よいれい Correct Example	わるいれい Incorrect Examples
●	⊗◯◎⊘◍⊖⦸

もんだい1

れい	①	②	●	④
1	①	②	③	●
2	①	●	③	④
3	①	●	③	④
4	①	②	●	④
5	①	②	③	●
6	①	②	●	④
7	①	②	③	●

もんだい2

れい	①	②	③	●
1	①	②	●	④
2	①	②	③	●
3	①	②	③	●
4	①	●	③	④
5	①	②	③	●
6	①	②	③	●

もんだい3

れい	●	②	③
1	●	②	③
2	①	●	③
3	●	②	③
4	①	②	③
5	①	●	③

もんだい4

れい	●	②	③
1	●	②	③
2	①	②	●
3	①	②	●
4	①	②	●
5	①	②	●
6	①	②	●

086

第3回 採点表 （Scoring Chart ／評分表／ Bảng chấm điểm）

		配点 Allocation of points ／ 分数分配／ Thang điểm	正答数 Number of correct answers ／正答数／ Số câu trả lời đúng	点数 Number of points ／ 得分／ Số điểm đạt được
もじ・ごい	もんだい1	1点×12問	／12	／12
	もんだい2	1点×8問	／ 8	／ 8
	もんだい3	1点×10問	／10	／10
	もんだい4	2点×5問	／ 5	／10
ぶんぽう	もんだい1	2点×16問	／16	／32
	もんだい2	2点×5問	／ 5	／10
	もんだい3	3点×5問	／ 5	／15
どっかい	もんだい4	4点×3問	／ 3	／12
	もんだい5	4点×2問	／ 2	／ 8
	もんだい6	3点×1問	／ 1	／ 3
	ごうけい	120点		／120

		配点	正答数	点数
ちょうかい	もんだい1	3点×7問	／ 7	／21
	もんだい2	3点×6問	／ 6	／18
	もんだい3	3点×5問	／ 5	／15
	もんだい4	1点×6問	／ 6	／ 6
	ごうけい	60点		／60

※この採点表の配点は、アスク出版編集部が問題の難易度を判断して独自に設定しました。

*The point allocations for these scoring charts were established independently by the editors at Ask Publishing based on their assessment of the difficulty of the questions.

*此评分表的分数分配是由ASK出版社编辑部对问题难度进行评估后独自设定的。

*Thang điểm của bảng chấm điểm này do Ban Biên tập Nhà xuất bản ASK thiết lập riêng, dựa trên đánh giá độ khó dễ của đề thi.

※日本語能力試験N5は、2020年度第2回試験より、試験時間および問題数の目安に一部変更がありました。
最新の情報は日本語能力試験のWebサイト（https://www.jlpt.jp/）をご覧ください。

言語知識（文字・語彙）

もんだい1

1 2 かえります
帰ります：to return home ／回，归来／ về, đi
về

2 3 ちゃ
お茶：tea ／茶／ trà
🔊 2 水：water ／水／ nước

3 2 じてんしゃ
自転車：bicycle ／自行车／ xe đạp
🔊 3 自動車：automobile ／汽车／ xe ô tô

4 4 あつい
暑い：hot ／热，炎热／ (thời tiết) nóng
🔊 1 さむい：cold ／冷，寒冷／ lạnh

5 4 ろっぴゃく
六百：six hundred ／六百／ sáu trăm

6 1 うまれました
生まれます：to be born ／出生／ chào đời,
sinh ra

7 2 まいつき
毎月：every month ／每个月／ hằng tháng

8 3 ながい
長い：long ／长／ dài
🔊 1 広い：spacious, wide ／宽敞／ rộng
2 せまい：narrow ／狭窄／ chật, hẹp
4 短い：short ／短／ ngắn

9 2 あかい
赤い：red ／红／ đỏ
🔊 1 青い：blue ／蓝／ xanh dương

3 白い：white ／白／ trắng
4 黒い：black ／黑／ đen

10 4 はなび
花火：fireworks ／烟花／ pháo hoa

11 1 あかるい
明るい：bright ／明亮／ tươi sáng, sáng sủa,
khỏe mạnh

12 1 おと
音：sound ／声响／ âm thanh, tiếng động
2 声：voice ／声音／ giọng nói
3 色：color ／颜色／ màu sắc
4 味：taste ／味道／ vị

もんだい2

13 2 ボールペン
ボールペン：ballpoint pen ／圆珠笔／ bút bi

14 2 元気
元気な：lively, healthy ／精神；身体硬朗／
mạnh khỏe

15 4 読みます
読みます：to read ／读，看，阅读／ đọc
🔊 1 書きます：to write ／写／ viết
2 話します：to talk ／说话，讲／ nói chuyện
3 買います：to buy ／买／ mua

16 2 兄
兄：older brother ／哥哥／ anh tôi
会います：to meet ／见面／ gặp
🔊 1 父：father ／爸爸，父亲／ cha tôi
3 弟：younger brother ／弟弟／ em trai tôi
4 母：mother ／妈妈，母亲／ mẹ tôi

文字・語彙

文法

読解

聴解

17 3 電車
電車：train ／电车／ tàu điện

18 1 小学生
妹：younger sister ／妹妹／ em gái
小学生：elementary school student ／小学生／ học sinh tiểu học
 2 中学生：junior high school student ／初中生／ học sinh PTCS
3 高校生：high school student ／高中生／ học sinh PTTH
4 大学生：college student ／大学生／ sinh viên

19 3 町
町：town ／城镇／ thị trấn
 1 駅：station ／车站／ nhà ga
2 市：city ／城市，都市／ thành phố
4 村：village ／村子，村庄／ làng

20 2 会社
会社：company ／公司／ công ty

もんだい3

21 3 レストラン
レストラン：restaurant ／餐厅，西餐馆／ nhà hàng
 1 メートル：meter ／米（计量单位）／ mét
2 サングラス：sunglasses ／墨镜／ kính mát
4 ハンサム：handsome ／帅，美男子／ đẹp trai

22 2 かえしに
返します：to return, to give back ／返还，归还／ trả lại
 1 帰ります：to return home ／回，归来／ về, đi về
3 遊びます：to play ／玩，玩耍／ chơi đùa
4 わすれます：to forget ／忘记／ quên

23 4 べんり
べんりな：convenient ／便利，方便／ tiện lợi
 1 へたな：unskillful ／不擅长，拙劣／ dở
2 じょうずな：skillful ／擅长，拿手／ giỏi
3 しずかな：quiet ／安静／ yên tĩnh

24 1 のんで
くすりを 飲みます：to take medicine ／吃药，喝药／ uống thuốc

25 4 ほん
～本：counter suffix for cylindrical objects ／表示细长物体的量词／ ~ cây (đếm vật thon dài)
 1 ～まい：counter suffix for flat objects ／表示片状物的量词／ ~ tờ (đếm giấy, áo, khăn)
2 ～こ：counter suffix for general things ／～个，表示一般事物的量词／ ~ cái, quả (đếm vật nhỏ)
3 ～さつ：counter suffix for books ／～本，～册，表示书本的量词／ ~ quyển, cuốn

26 1 もって
持ちます：to hold ／持，拿／ cầm, giữ
 2 書きます：to write ／写／ viết
3 着ます：to wear ／穿（衣服）／ mặc
4 します：to do ／做／ làm

27 2 きょねん
去年：last year ／去年／ năm ngoái
 1 来月：next month ／下个月／ tháng tới
3 あさって：the day after tomorrow ／后天／ ngày mốt
4 今晩：this night ／今晚／ tối nay

28 3 まって
待ちます：to wait ／等，等待／ chờ
 1 買います：to buy ／买／ mua

2 (写真を) とります：to take (a picture) ／
拍 (照片) ／ chụp (ảnh)

4 会います：to meet ／会面，见面／ gặp gỡ

29 **1** なに

何：what ／什么／ cái gì

本屋：book store ／书店／ tiệm sách

となり：next to ／旁边，隔壁／ bên cạnh

2 いつ：when ／什么时候／ khi nào

3 どこ：where ／哪里／ ở đâu

4 だれ：who ／谁／ ai

30 **4** はいります

（おふろに）入ります：to get in (the bathtub)
／洗澡，泡澡／ đi (tắm)

1 切ります：to cut ／切，割／ cắt

2 いります：to need ／需要／ cần

3 （シャワーを）あびます：to take (a shower)
／洗澡，淋浴／ tắm (vòi sen)

もんだい4

31 **3** がっこうは　よっかかん　やすみです。

きのう：yesterday ／昨天／ hôm qua

あさって：the day after tomorrow ／后天／
ngày mốt

二日間：two days ／两天／ hai ngày

三日間：three days ／三天／ ba ngày

四日間：four days ／四天／ bốn ngày

五日間：five days ／五天／ 5 ngày

32 **4** しゅうまつは　いそがしかったです。

いそがしい：busy ／忙／ bận rộn＝ひまじゃ
ない

1 きれいな：clean, beautiful ／干净；漂亮
／ sạch, đẹp

2 にぎやかな：lively ／热闹／ náo nhiệt

3 たのしい：fun ／开心，快乐／ vui vẻ

33 **1** あには　えいごを　おしえて　います。

教師：teacher ／教师／ giáo viên

教えます：to teach ／教，教授／ dạy

2 習います：to learn ／学，学习／ học

34 **3** つまは　およぐのが　へたです。

つま：wife ／妻子／ vợ tôi, người vợ

泳ぎます：to swim ／游泳／ bơi

へたな：unskillful ／不擅长，拙劣／ dở＝じょ
うずじゃ ない

1 きらいな：hated ／讨厌／ ghét

2 好きな：likeable ／喜欢／ thích

4 かんたんな：simple ／简单／ đơn giản

35 **4** いもうとは　ははに　かばんを　か
りました。

母→ ［かばん］ → 妹

AはBに ～を 貸します：A lends ~ to B. ／ A
借给B…／ A cho B mượn ~

BはAに ～を 借ります：B borrows ~ from
A. ／ B向A借…／ B mượn ~ từ A

1・3 AはBに ～を あげます：A gives ~ to
B. ／ A给B…／ A cho B ~

言語知識（文法）・読解

◆ 文法

もんだい1

1 2 で
[場所]＋で：at [a place] ／在 [某地 (地点名词)] ／tại + [địa điểm]
れい 公園で サッカーを します。

2 2 に
[曜日]＋に：on [day] ／在 [某一天 (时间名词)] ／vào + [thứ]
れい 日曜日に テニスを します。

3 3 の
Aと Bの あいだ：between A and B ／A和B之间／giữa A và B
れい 学校と 銀行の あいだに コンビニが あります。

4 1 で
2つ以上の 形容詞を ならべる時 (Using adjective in a series ／连续出现两个或两个以上的形容词时／khi sắp xếp 2 tính từ trở lên)：
・[な形容詞] ＋で、～
・[い形容詞] ＋くて、～
れい 兄は、せが 高くて、やさしいです。

5 3 に
[方向]＋に まがります：to turn [direction] ／朝[方向]转弯／rẽ + [hướng]
れい つぎの 信号を 左に まがります。

6 1 に
～に 電話を かけます：to call ~ on the phone ／给…打电话／gọi điện cho ~

れい 学校を 休むときは、先生に 電話を かけます。

7 3 から
[時間]＋から：from [time] ／从 [时间]开始／từ + [thời gian]
れい 授業は 9時から 12時までです。

8 1 に
～に します：1つを 選ぶ ときに 使う。(This is used when choosing one thing. ／表示从众多选项中选择其中一个。／Sử dụng khi chọn 1 cái.)

9 3 あとで
[動詞た形]＋あとで：after doing [た form verb] ／做完某事之后 (使用动词た形) ／sau khi + [động từ thể た]
🔖 1 [動詞辞書形]＋まえに：before doing [dictionary form verb]／做某事之前 (使用动词辞书形) ／trước khi + [động từ thể tự điển]
2 [名詞]＋のまえに：before [noun] ／在…之前 (使用名词) ／trước khi + [danh từ]
4 [名詞]＋のあとで：after [noun] ／在…之后 (使用名词) ／sau khi + [danh từ]

10 2 かく
[動詞辞書形]＋とき：when doing [dictionary form verb] ／在做某事时 (使用动词辞书形) ／khi + [động từ thể tự điển]
れい 学校へ 行くとき、電車に 乗ります。

11 2 どちら
お国は どちらですか：What country are you from? ／你来自哪个国家？／Nước của bạn ở đâu?

12 2 まだ

まだ ～て いません：I have not yet ～. ／还没
…。／ vẫn chưa ～

まだです。＝まだ 食べて いません。

れい　まだ 宿題を して いません。

13 3 だれが

わたしです。＝わたしが とりました。

14 1 こと

[動詞辞書形]＋ことが 好きです：I like doing
[dictionary form verb] ／喜欢做某事（使用动
词辞书形）／ Tôi thích (việc) [động từ thể tự
điển]

れい　妹は 本を 読むことが 好きです。

15 1 行きませんか

～ませんか：Won't you ～? ／你要不要…? ／
không ～ sao?

れい　夏休み、いっしょに 旅行に 行きませんか。

16 3 どうぞ

あげる 人「どうぞ。」

もらう 人「どうも ありがとう。」

もんだい2

17 4

あには わたし 3より 2せ 4が 1高い です。

Aは Bより ～：A is more ～ than B ／A比B
更…／ A thì ～ hơn (so với) B

れい　中国は 日本より 広いです。

Aは Bが ～：as for A, B is ～ ／A的B…／ A
có B (tính từ)

れい　うちの 犬は 毛が 長いです。

18 1

この ふるい 4かさ 2は 1父 3の です。

古い：old ／旧, 老旧／ cũ

父の＝父の かさ

19 4

お母さんの 3びょうきは 2もう 4よく
1なりました か。

もう：already, again ／已经；再／ đã rồi

[い形容詞] ～く なります：to become [い
adjective] ／变得 [い形容词] ／ trở nên [tính
từ loại I]

「いい」→「よく なります」

れい　この タオルは 古く なりましたから、す
てます。

20 1

駅の 2となりに 3大きい 1スーパーが
4できて べんりに なりました。

～の となり：next to ～／…的旁边／ bên cạnh ～

～て、～：文と 文を つなぐときは て形を 使う。
(The て form is used when connecting one
sentence to another. ／连接两个或两个以上
的句子时使用て形。／ Khi nối câu với câu thì
sử dụng thể て)

れい　動物園へ 行って、写真を とりました。

21 3

ここは わたし 4が 1きのう 3来た 2店
です。

わたしが きのう 来た 店
　　　　　　　　　　　　↑

もんだい3

22 1 います

「人が」だから、動詞は「あります」ではなく、
「います」を 使う。(Because the topic is 人
が, the verb います is used rather than the
verb あります. ／描述人的时候需要用 "いま
す" 而不是 "あります"。／ Vì là "người" nên
không sử dụng động từ あります, mà sử dụng
động từ います.)

れい　公園に 子どもが たくさん います。【人】
　　　れいぞうこの 中に ぎゅうにゅうが 3本
　　　あります。【もの】

23 3 だから
【原因 (origin, cause ／原因／ nguyên nhân)】
みんな その ルールを まもります。
↓ だから
【結果 (results ／结果／ kết quả)】
きもちよく 電車に のることが できます。

24 2 と
A と B は ちがいます：A is different from
B. ／A和B不同。／A và B khác nhau

25 3 話しません
あまり ～ません：don't really ～／不怎么…／
không ～ lắm
れい さむいですから、**あまり** 外に **行きません**。

26 2 で
[道具] ＋で：道具や 手段を 表す。(This
expresses a tool or method. ／表示道具或
手段。／ Diễn tả dụng cụ hay phương tiện.)
れい なべで 料理を 作ります。

◆ 読解

もんだい４

(1) 27 1

> わたしは　先週の　火曜日から　金曜日まで　京都に　行きました。火曜日は　お寺を　見たり、買いものを　したり　しました。わたしは　お寺が　好きですから、水曜日も　見に　行きました。木曜日は　映画館で　映画を　見ました。金曜日は　おみやげを　買いました。とても　たのしかったです。

火曜日と　水曜日に　お寺を　見に　行った。

えよう
- □お寺：temple ／寺庙／ chùa
- □映画館：movie theater ／电影院／ rạp chiếu phim
- □おみやげ：souvenir ／礼物，土特产／ quà

(2) 28 2

> ### 図書館を　使う　みなさんへ
>
> 今日は　図書館の　本を　かたづけます。本を　かりることは　できません。かえす　本は　入口の　となりの　ポストに　入れてください。
>
> ２階の　へやは　午後１時から　５時までです。へやの　入口に　紙が　ありますから、紙に　名前を　書いてから　使って　ください。
>
> 中央図書館

本を　返すときは、入口の　となりの　ポストに　入れる。

えよう
- □かたづけます：to tidy up ／收拾，整理／ dọn dẹp
- □入口：entrance ／入口／ cửa vào
- □ポスト：postbox, mail box ／邮筒，信箱／ thùng thư, hòm thư

(3) 29 4

ユンさん

　12時15分ごろ　ヤマダ会社の　森さんから　電話が　ありました。あしたの　会議の　時間を　かえたいと　言って　いました。16時までに　電話を　してください。

　森さんは　これから　出かけますから、会社では　なくて、森さんの　けいたい電話に　かけて　ください。

佐藤　12:20

──→ 16時までに　けいたい電話に　電話を　する。

⭐ 覚えよう

□会議：meeting ／会议／ cuộc họp
□変えます：to change ／改变，变更／ thay đổi
□これから：from now ／从现在开始／ từ bây giờ
□出かけます：to go out ／出门／ đi ra ngoài
□けいたい電話：cell phone ／手机／ điện thoại di động

もんだい 5

30 4　　31 4

東京へ　行きました

ジェイソン・パーク

　先週、母が　日本に　来ました。母と　いっしょに　東京へ　行きました。30母と　わたしは　日本語が　あまり　できませんから、すこし　こわかったです。

　東京では、レストランや　お店や　お寺など、いろいろな　ところへ　行きました。スマホで　電車の　時間を　しらべたり、レストランを　さがしたり　しました。レストランの　人は　英語を　話しましたから、よく　わかりました。母は　「来年も　来たい」と　言いました。

　わたしたちが　行った　ところには、外国人が　たくさん　いました。31つぎは、外国人が　あまり　行かない　ところへ　行って、日本人と　日本語で　話したいです。

──→ 30　日本語が　あまり　できない（＝じょうずじゃ　ない）から、こわかった。

──→ 31　外国人が　あまり　行かない　ところ（＝外国人が　少ない　ところ）へ　行きたい。

文字・語彙

文法

読解

聴解

□こわい：scary ／害怕／ sợ
□お寺：temple ／寺庙／ chùa
□スマホ：smart phone ／智能手机／ điện thoại thông minh
□しらべます：to look up ／查，调查／ tìm hiểu, điều tra
□さがします：to look for ／找，寻找／ tìm
□英語：English ／英语／ tiếng Anh

もんだい6

32 1

あおばまつり

ぜひ　来て　ください！

日にち：9月12日（土）

ばしょ：中央公園

時間：9時から　15時まで

くだものの　ケーキ
● 9時から　11時まで
● 1つ　300円
いろいろな　くだものの
ケーキを　うって　います。

おもちゃ
● 11時から　15時まで
● 1つ　1,200円 ×
子どもも　おとなも　すきな
おもちゃを　うって　います。

こどもの　ふく
● 13時から　14時まで ×
● 1つ　1,000円
かわいい　ふくを
うって　います。

やさい
● 14時から　15時まで ×
● 1つ　150円
おいしい　やさいを
うって　います。

10時半から　12時半ま
で →「こどもの　ふく」
と「やさい」は ×

持っている　お金は
1,000円→「おもちゃ」
は ×

□売ります：to sell ／卖，販売／ Bán
□ふく：clothes ／衣服／ Quần áo

聴解

もんだい1

れい 4

🔊N5_3_03

男の人と女の人が話しています。女の人は、明日まずどこへ行きますか。

M：明日、映画を見に行きませんか。

F：すみません。明日はアメリカから友だちが来ますから、ちょっと…。

M：そうですか。空港まで行きますか。

F：いいえ、電車の駅で会います。それから、いっしょに動物園へ行きます。

女の人は、明日まずどこへ行きますか。

1ばん 2

🔊N5_3_04

会社で、男の人と女の人が話しています。男の人は、明日何を持って行きますか。

M：あのう、すみません、明日の説明会は何時から何時までですか。

F：10時から16時までです。<u>おべんとうや飲みものは、自分で持ってきてください。</u>

M：説明会は、何をしますか。

F：会社のルールや、仕事の説明をします。しりょうがありますから、<u>ペンなど書くものを持ってきてください。</u>IDカードは、明日わたします。

M：わかりました。

男の人は、明日何を持って行きますか。

持って行くもの：おべんとう、飲みもの、書くもの（ペン）

説明会でもらうもの：しりょう、IDカード

覚えよう

□説明会：briefing／说明会／buổi thuyết minh

第3回

文字・語彙

文法

読解

聴解

□おべんとう：boxed lunch ／便当／cơm hộp
□ルール：rule ／規定，規則／qui tắc
□仕事：job, work ／工作／công việc
□説明を します：to explain ／説明／giải thích
□しりょう：materials ／資料／tài liệu
□ＩＤカード：ID card ／ID卡／thẻ ID

2ばん　3

◀)) N5_3_05

駅で、女の人と駅員が話しています。女の人はどのボタンを押しますか。

F：あのう、大人二人と子ども三人、きっぷを買いたいです。どのボタンですか。

M：お子さんは何さいですか。

F：10さいと4さいと2さいです。

M：そうですか。4さいと2さいのお子さんは、お金がかかりません。

F：じゃあ、大人二人と子ども一人でいいですか。

M：はい。

F：わかりました。ありがとうございます。

女の人はどのボタンを押しますか。

4さいと 2さいの 子どもは お金が かからない。→大人二人と 子ども一人の きっぷを 買う。

⭐覚えよう

□駅員：station employee ／车站工作人员／nhân viên nhà ga
□ボタン：button ／按钮／nút bấm
□押します：to push ／按，摁／bấm, nhấn
□きっぷ：ticket ／票，车票／vé
□お金が かかります：to cost money ／花钱，开销／tốn tiền

男の人と女の留学生が話しています。女の留学生はどのクラスで勉強しますか。

M：日本語のクラスは、レベルが2つあります。はじめて勉強する人はレベル1、ひらがなとカタカナができる人はレベル2です。

F：そうですか。私は、国でひらがなとカタカナを勉強しました。

M：じゃ、**レベル2ですね。**レベル2のクラスは、朝と夜があります。どちらがいいですか。

F：何時から何時までですか。

M：朝は9時から11時、夜は18時から20時までです。

F：**18時からアルバイトがありますから、夜はちょっと…。** ———— 夜は アルバイトが ある から、朝の クラスで 勉強する。

M：じゃあ、こちらのクラスですね。

女の留学生はどのクラスで勉強しますか。

 えよう

□～は ちょっと…。（婉曲的に断る表現）：~ is a little ... (This is used to gently refuse something.) ／～有点困难…。（委婉拒绝他人的表达）／ ~ thì hơi ... (cách từ chối lịch sự khi không thuận tiện)

女の人と男の人が話しています。女の人は何を持って行きますか。

F：明日のパーティー、おかしを持って行きましょうか。

M：おかしは田中さんが持ってきますから、だいじょうぶですよ。料理は私と伊藤さんが作ります。**飲みものをおねがいします。** ———— 女の人は、飲みものと コップを 持って 行く。

F：はい、わかりました。

M：**それと、うちにはコップがあまりありませんから、コップもおねがいします。** ———— おかしと 料理は 持って 行かない。

F：わかりました。持って行きます。

女の人は何を持って行きますか。

 えよう

□コップ：cup ／杯子／ cốc

男の人と女の人が話しています。男の人は、このあと何に乗りますか。

M：すみません、城山大学にはどうやって行きますか。

F：城山大学は、バスがべんりですよ。ほら、あそこのバスていから、2ばんのバスに乗ってください。あ、でも今日はもうありませんね。

M：そうですか。

F：電車でも行けますよ。ここから駅まで歩いて15分ぐらいです。**1ばんせんの電車ですよ。**

M：そうですか。**じゃあ、そうします。**ありがとうございました。

男の人は、このあと何に乗りますか。

— そうします。＝電車に乗ります。

えよう

□バスてい：bus stop ／巴士站／ trạm xe buýt
□〜ばんせん：track number 〜 ／〜号线／ tuyến số 〜

女の人と男の人が話しています。二人はいつ映画を見に行きますか。

F：この映画、いっしょに見に行きませんか。

M：いいですね。今日行きましょうか。

F：今日はいそがしいですから、ちょっと…。来週はどうですか。

M：火曜日と木曜日はだいじょうぶですよ。

F：そうですか。**私は水曜日にテストがありますから、火曜日は勉強します。木曜日はどうですか。**

M：いいですよ。楽しみですね。

二人はいつ映画を見に行きますか。

火曜日：勉強
水曜日：テスト
木曜日：映画を見に行く

学校で、先生が学生に話しています。学生は、来週何を持って行きますか。

F：来週のテストは、12時に始まります。おくれないでください。それから、**えんぴつとけしごむを持ってきてください。**教室に時計がありませんから、**時計も自分で持ってきてください。**テストのとき、辞書を使ってはいけませんから、辞書は持ってこないでください。あ、それから、**受験票を忘れないでくださいね。**

学生は、来週何を持って行きますか。

持って 行く もの：えんぴつ、けしごむ、時計、受験票
辞書は 持って 行かない。

⭐覚えよう
□えんぴつ：pencil ／鉛笔／ bút chì
□けしごむ：eraser ／橡皮擦／ cục tẩy
□時計：clock ／钟表／ đồng hồ
□辞書：dictionary ／字典／ tự điển
□受験票：admission ticket for examination ／准考证／ phiếu báo danh

もんだい2

れい　3　　　　　　　　　　　　　　🔊 N5_3_12

学校で、男の学生と女の先生が話しています。男の学生はいつ先生と話しますか。

M：先生、レポートのことを話したいです。

F：そうですか。これから会議ですから、3時からはどうですか。

M：すみません、3時半からアルバイトがあります。

F：じゃあ、明日の9時からはどうですか。

M：ありがとうございます。おねがいします。

F：10時からクラスがありますから、それまで話しましょう。

男の学生はいつ先生と話しますか。

第3回

文字・語彙

文法

読解

聴解

1ばん　2

> 女の人と男の人が話しています。男の人はいつジョギングをします
> か。
>
> F：どうしましたか。つかれていますね。
>
> M：今朝5キロ走りました。
>
> F：へえ、そうですか。毎朝ジョギングをしていますか。
>
> M：いいえ、**木曜日と週末だけです。**
>
> 男の人はいつジョギングをしますか。

木曜日と　土曜日と　日曜日に　ジョギングを　する。

 えよう

□ジョギング：jogging ／慢跑／ chạy bộ
□〜キロ：~ kilos ／〜公里／ ~ kilomet
□週末：weekend ／周末／ cuối tuần

2ばん　3

> ケーキ屋で、男の店員と女の人が話しています。女の人はどのケー
> キを買いましたか。
>
> M：いらっしゃいませ。
>
> F：すみません、どんなケーキがありますか。
>
> M：くだもののケーキと、チーズケーキと、チョコレートケーキがあり
> ます。
>
> F：じゃあ、**チーズケーキ1つください。**
>
> M：くだもののケーキもおいしいですよ。いちごのケーキとりんごのケ
> ーキがあります。いかがですか。
>
> F：うーん、けっこうです。
>
> 女の人はどのケーキを買いましたか。

くだものの　ケーキは　買わない。

 えよう

□店員：store clerk ／店员／ nhân viên cửa hàng
□チーズケーキ：cheesecake ／芝士蛋糕／ bánh ga-tô phô-mai
□チョコレートケーキ：chocolate cake ／巧克力蛋糕／ bánh ga-tô sô-cô-la

□けっこうです＝いらないです：No, thank you. ／不用了。／được rồi = không cần

3ばん　4

> ^{かいしゃ}会社で、^{おとこ}男の^{ひと}人と^{おんな}女の^{ひと}人が^{はな}話しています。^{おんな}女の^{ひと}人は^{きょう}今日^{なんじ}何時に^お起きましたか。
>
> M：おはようございます。あれ？　^{きょう}今日は^{はや}早いですね。
>
> F：^{きょう}今日はタクシーで^き来ました。
>
> M：タクシー？　どうしましたか。
>
> F：**いつもは^{あさ}朝6時半に^お起きますが、^{きょう}今日は7時半でした。**1^{じかん}時間もおそかったです。びっくりして、いそいでタクシーに^の乗りました。
>
> ^{おんな}女の^{ひと}人は^{きょう}今日^{なんじ}何時に^お起きましたか。

^{きょう}今日は 7時半に ^お起きた。

 えよう

□タクシー：taxi ／出租车／ taxi
□びっくりします：to be surprised ／吃惊，吓一跳／ giật mình
□いそぎます：to hurry ／急忙，赶紧／ gấp, vội

4ばん　1

> ラジオで、^{おんな}女の^{ひと}人が^{はな}話しています。^{おんな}女の^{ひと}人は、^{いえ}家に^{かえ}帰ってはじめに^{なに}何をしますか。
>
> F：^{しごと}仕事のあと、よくジムに^い行きます。**^{うんどう}運動してから^{いえ}家に^{かえ}帰って、ごはんの^{まえ}前に、テレビを^み見ます。**ジムでシャワーをあびますから、ジムの^ひ日は^{いえ}家でおふろに^{はい}入りません。ごはんのあと、^ね寝る^{まえ}前に^{ほん}本を^よ読みます。^{ほん}本を^よ読むのが^す好きですから、^{まいばん}毎晩^よ読みます。
>
> ^{おんな}女の^{ひと}人は、^{いえ}家に^{かえ}帰ってはじめに^{なに}何をしますか。

ジム→^{いえ}家に ^{かえ}帰る→テレビ→ごはん→^{ほん}本→^ね寝る

 えよう

□ジム：gym ／健身房／ gym
□^{うんどう}運動します：to exercise ／运动／ vận động

学校で、女の学生と男の学生が話しています。女の学生は、一年に何回家族に会いますか。

Ｆ：もうすぐ夏休みですね。田中さんは何をしますか。

Ｍ：私は旅行に行きます。鈴木さんは？

Ｆ：私は家族に会います。今、一人で生活していますから、長い休みはいつも両親の家に帰ります。**夏休みと冬休み、それから春休みも会いに行きます。**

Ｍ：そうですか。楽しみですね。

女の学生は、一年に何回家族に会いますか。

1年に 3回（夏休み、冬休み、春休み）家族に 会う。

⭐覚えよう

□生活します：to make a living ／生活／ sinh sống
□夏休み：summer vacation ／暑假／ kỳ nghỉ hè
□冬休み：winter vacation ／寒假／ kỳ nghỉ đông
□春休み：spring vacation ／春假／ kỳ nghỉ xuân

男の人と女の人が話しています。男の人は昨日何をしましたか。

Ｍ：昨日の休みは何をしましたか。

Ｆ：映画館に行きました。映画を見たあと、買いものをして帰りました。ダンさんは？

Ｍ：**私はうちで国の料理を作りました。今度のパーティーで作りますから、練習しました。**

Ｆ：そうですか。

男の人は昨日何をしましたか。

男の人は、うちで 料理を した。

⭐覚えよう

□練習します：to practice ／练习／ luyện tập

もんだい3

れい　1

🔊 N5_3_20

朝、学校で先生に会いました。何と言いますか。

F：1　おはようございます。

　　2　おやすみなさい。

　　3　おつかれさまでした。

1ばん　1

🔊 N5_3_21

授業におくれました。何と言いますか。

M：1　おくれて、すみません。

　　2　おくれますが、すみません。

　　3　おくれますから、すみません。

～て：理由を表す。(This expresses a reason. ／表示理由。／ Diễn tả lý do.)

れい　好きな人から メールが 来て、うれしいです。

2ばん　2

🔊 N5_3_22

レストランでピザを食べたいです。店の人に何と言いますか。

F：1　ピザ、ごちそうさまでした。

　　2　ピザ、おねがいします。

　　3　ピザ、食べましょうか。

ピザ：pizza ／披萨／ pizza

🗨 1 ごちそうさまでした：食事が終わったときに言うあいさつ (This expression is used after finishing a meal. ／吃完饭时的寒暄语。／ Lời nói khi bữa ăn kết thúc)

3ばん　1

🔊 N5_3_23

美容院でかみを切りたいです。何と言いますか。

M：1　短くしてください。

　　2　短くていいですね。

　　3　短くないです。

美容院：beauty salon ／美容院／ tiệm cắt tóc

[い形容詞]～く します：to make [い adjective] ／使…变得 [い形容词] ／ làm cho ~ [tính từ loại l]

4ばん　2

🔊 N5_3_24

荷物が来ました。サインをします。何と言いますか。

F：1　サインをおねがいします。

　　2　サイン、ここでいいですか。

　　3　サイン、しませんか。

荷物：baggage ／货物，行李／ hành lý

サイン：sign ／签名，签字／ ký tên

ここで いいですか。：Is here okay? ／这里可以吗? ／ Ở đây được không?

5ばん　3

🔊 N5_3_25

美術館で絵の写真をとりたいです。何と言いますか。

M：1　写真をとりましょうか。

　　2　写真をとってください。

　　3　写真をとってもいいですか。

美術館：art museum ／美术馆／ bảo tàng

第3回

文字・語彙

文法

読解

聴解

mỹ thuật

〜ても いいですか：Is it okay to ~? ／可以…吗? ／~ được không?

🔊 1 〜ましょうか：Shall I ~? ／做…吧? ／~ nào
2 〜て ください：Please ~ ／请你… ／vui
lòng ~

もんだい4

れい　2　🔊 N5_3_27

F：お名前は。

M：1　18さいです。

　　2　田中ともうします。

　　3　イタリア人です。

1ばん　2　🔊 N5_3_28

F：コーヒー、いかがですか。

M：1　はい、どうぞ。

　　2　あ、ありがとうございます。

　　3　すみません、ありません。

いかがですか：食べものや 飲みものを 相手に
すすめるときに 使う。（This is used when
recommending food or drinks to someone.
／向别人推荐食物或饮品时使用的表达。／Sử
dụng khi mời đối phương thức ăn hay nước
uống.）

2ばん　1　🔊 N5_3_29

M：いっしょに昼ごはんを食べに行きませ
んか。

F：1　すみません、今、ちょっといそが
しくて…。

　　2　はい、とてもおいしかったですね。

　　3　いいえ、あまり行きません。

〜ませんか：Won't you ~? ／要不要…? ／
không ~ sao

3ばん　3　🔊 N5_3_30

M：授業はもう終わりましたか。

F：1　いいえ、終わります。

　　2　いいえ、終わりましたよ。

　　3　いいえ、まだです。

もう 〜ました：already did ~ ／已经…了／đã
~ rồi

まだ：(not) yet, still ／还（未），仍旧／vẫn chưa

4ばん　3　🔊 N5_3_31

F：だれとお昼ごはんを食べましたか。

M：1　12時です。

　　2　カレーライスです。

　　3　一人で食べました。

だれと：with whom ／和谁／với ai

カレーライス：curry rice ／咖喱饭／cơm cà ri

5ばん　3

F：スピーチの練習はしましたか。

M：1　山田さん、とてもじょうずでしたよ。

　　2　それは心配ですね。

　　3　はい、たくさんしました。

心配です：I'm worried ／担心／ lo lắng

6ばん　3

M：すみません、佐藤さんはどこにいますか。

F：1　どこでもいいです。

　　2　あそこにあります。

　　3　会議室にいます。

「佐藤さん」は「人」だから、動詞は「あります」ではなく、「います」を使う。(Sato-san is a person, so the verb います is used rather than the verb あります. ／因为佐藤是人，所以动词要用"います"而不是"あります"。／ Vì "anh /chị Sato" là "người" nên không sử dụng động từ あります, mà sử dụng động từ います.)

会議室：meeting room ／会议室／ phòng họp

読解・聴解問題の作問協力

チョチョル（上久保）明子　フリーランス日本語講師
濱田修　　学校法人ティビィシィ学院 国際情報ビジネス専門学校 日本語学科 教務主任
松本汐理　　京都文化日本語学校 元講師

言語知識問題の作問協力

飯塚大成、碇麻衣、氏家雄太、占部匡美、遠藤鉄兵、カインドル宇留野聡美、笠原絵理、嘉成晴香、
後藤りか、小西幹、櫻井格、鈴木貴子、柴田昌世、田中真希子、戸井美幸、中越陽子、中園麻里子、
中森真理子、西山可菜子、野島恵美子、二葉知久、松浦千晶、松村千尋、三垣亮子、森田英津子、
森本雅美、矢野まゆみ、山野井瞳、横澤夕子、横野登代子（五十音順）

はじめての日本語能力試験　合格模試N5

2020年3月25日　初版　第1刷発行
2024年6月 7 日　初版　第2刷発行

編著	アスク編集部
DTP	朝日メディアインターナショナル 株式会社
カバーデザイン	岡崎 裕樹
翻訳	Malcolm Hendricks　唐 雪　Nguyen Do An Nhien　Vo Thi Mai Huong
イラスト	須藤 裕子
ナレーション	安斉 一博　氷上 恭子
印刷・製本	株式会社 光邦
発行人	天谷 修身
発行	株式会社 アスク
	〒162-8558 東京都新宿区下宮比町2-6
	TEL 03-3267-6864　FAX 03-3267-6867

アンケートにご協力ください
https://ask-books.com/support/

N5
げんごちしき（もじ・ごい）
（25ふん）

この模擬試験は2020年度以前の問題数・試験時間に沿って作られています。
問題用紙に記載の通りの試験時間で実施してください。

ちゅうい
Notes

1. しけんが　はじまるまで、この　もんだいようしを　あけないで　ください。
   Do not open this question booklet until the test begins.

2. この　もんだいようしを　もって　かえる　ことは　できません。
   Do not take this question booklet with you after the test.

3. じゅけんばんごうと　なまえを　したの　らんに、じゅけんひょうと
   おなじように　かいて　ください。

   Write your examinee registration number and name clearly in each box below as written on your test voucher.

4. この　もんだいようしは、ぜんぶで　8ページ　あります。

   This question booklet has 8 pages.

5. もんだいには　かいとうばんごうの　1、2、3… が　あります。
   かいとうは、かいとうようしに　ある　おなじ　ばんごうの　ところに
   マークして　ください。

   One of the row numbers 1, 2, 3 … is given for each question. Mark your answer in the same row of the answer sheet.

じゅけんばんごう　Examinee Registration Number	
なまえ　Name	

もんだい1　＿＿＿＿の　ことばは　ひらがなで　どう　かきますか。
　　　　　　1・2・3・4から　いちばん　いい　ものを　ひとつ　えらんで
　　　　　　ください。

（れい）その　こどもは　小さいです。
　　　　1　ちさい　　　　2　ちいさい　　　　3　じさい　　　　4　じいさい

（かいとうようし）　　| （れい） | ① | ● | ③ | ④ |

1　この　くるまは　新しいです。
　　1　うつくしい　　　　　　　　　　2　やさしい
　　3　たのしい　　　　　　　　　　　4　あたらしい

2　きょうは　いい　天気　ですね。
　　1　てんき　　　　　　2　てんち　　　　3　でんき　　　　4　でんち

3　その　はこは　とても　重いです。
　　1　おそい　　　　　　2　おおい　　　　3　とおい　　　　4　おもい

4　ふじさんは　有名な　やまです。
　　1　ゆうな　　　　　　2　ゆな　　　　　3　ゆうめい　　　　4　ゆめい

5　耳が　いたいですから、びょういんへ　いきます。
　　1　あたま　　　　　　2　みみ　　　　　3　あし　　　　4　め

6　すみません、左に　まがって　ください。
　　1　にし　　　　　　　2　ひがし　　　　3　ひだり　　　　4　みぎ

7　タンさんの　お姉さんは　がっこうの　せんせいです。
　　1　あに　　　　　　　2　あね　　　　　3　にい　　　　4　ねえ

8 ともだちの　へやに　入ります。
1　まいります　　　　　　　　　　2　かえります
3　いります　　　　　　　　　　　4　はいります

9 社長は　とても　いそがしいです。
1　しゃちょう　　　　　　　　　　2　しゃしょう
3　しゅちょう　　　　　　　　　　4　しゅしょう

10 9じ半に　がっこうへ　きてください。
1　ふん　　　　　2　へん　　　　　3　ほん　　　　　4　はん

11 ちちの　たんじょうびは　八日です。
1　ようか　　　　　2　よっか　　　　3　むいか　　　　4　ここのか

12 へやの　中で　あそびます。
1　なか　　　　　　2　うち　　　　　3　じゅう　　　　4　ちゅう

もんだい2 _____の ことばは どう かきますか。1・2・3・4から
いちばん いい ものを ひとつ えらんで ください。

（れい）この テレビは すこし やすいです。
　　　　1　低い　　　　2　暗い　　　　3　安い　　　　4　悪い

（かいとうようし）　｜（れい）｜ ① ② ● ④ ｜

13　きのう　たかい　ぱそこんを　かいました。
　　1　パンコン　　　　　　　　　　2　パンコリ
　　3　パソコン　　　　　　　　　　4　パソコリ

14　わたしの　せんせいは　せが　たかいです。
　　1　生光　　　　　2　生王　　　　　3　先生　　　　4　先土

15　へやの　まどを　あけます。
　　1　閉けます　　　　2　開けます　　　　3　門けます　　　4　問けます

16　あめが　ふって　きましたから、かえりましょう。
　　1　天　　　　　2　多　　　　　3　月　　　　　4　雨

17　この　みせは　きんようびは　やすみです。
　　1　全　　　　　2　金　　　　　3　会　　　　　4　合

18　この　りょうりは　ははが　つくりました。
　　1　百　　　　　2　白　　　　　3　毎　　　　　4　母

19 いっしょに　ひるごはんを　<u>たべます</u>。

　　1　食べます　　　　　2　近べます　　　3　分べます　　　4　長べます

20 あしたは　がっこうを　<u>やすみます</u>。

　　1　体みます　　　　　2　仏みます　　　3　仕みます　　　4　休みます

もんだい1　（　　　）に　何を　入れますか。1・2・3・4から　いちばん
　　　　　　いい　ものを　一つ　えらんで　ください。

（れい）きのう　ともだち（　　　）こうえんへ　いきました。
　　　　　1　と　　　　2　を　　　　3　は　　　　4　や

（かいとうようし）　　| （れい） | ● | ② | ③ | ④ |

1　きょう　しごとは　3時（　　　）おわります。
　　1　が　　　　　　2　に　　　　　　3　は　　　　　4　と

2　みち（　　　）わたるとき、車に　きを　つけましょう。
　　1　が　　　　　　2　に　　　　　　3　を　　　　　4　で

3　たべもの（　　　）何が　いちばん　すきですか。
　　1　が　　　　　　2　で　　　　　　3　を　　　　　4　へ

4　この　みせには　くだもの（　　　）やさいが　たくさん　あります。
　　1　に　　　　　　2　を　　　　　　3　へ　　　　　4　や

5　A「すてきな　しゃしんですね。いつ　とりましたか。」
　　B「せんしゅう（　　　）日曜日です。うみの　中で　とりました。」
　　1　は　　　　　　2　に　　　　　　3　の　　　　　4　と

6　A「もうすぐ　テストですから、まいにち　3時間　べんきょうして　います。」
　　B「そうですか。それは　たいへんです（　　　）。がんばって　ください。」
　　1　の　　　　　　2　ね　　　　　　3　た　　　　　4　から

7　（　　　）教室は　わたしの　へやより　あかるいです。
　　1　こう　　　　　2　ここ　　　　　3　この　　　　4　これ

8 きのう 食べた ケーキは （　　　） おいしくなかったです。
　　1 よりも　　　　　　2 よく　　　　　　3 すぐ　　　　　4 あまり

9 わたしの まちでは きのう 雨が ふりました。きょう（　　　） 雨が ふって います。
　　1 に　　　　　　　2 の　　　　　　　3 を　　　　　　4 も

10 学校の あとで ともだちの うちへ （　　　） 行きます。
　　1 あそびに　　　　　2 あそんで　　　　3 あそぶ　　　　4 あそんだ

11 A「マリオさんは （　　　） 人ですか。」
　　B「あの かみが ながい 人です。」
　　1 どう　　　　　　　2 どの　　　　　　3 だれの　　　　4 どこの

12 うちから えきまで （　　　） かかりますか。
　　1 どうして　　　　　　　　　　2 どちら
　　3 どのぐらい　　　　　　　　　4 どのように

13 この もんだいは とても むずかしいですから、（　　　） こたえが わかりません。
　　1 だれが　　　　　　2 だれに　　　　3 だれも　　　　4 だれより

14 （レストランで）
　　A「Bさん、のみものは （　　　） しますか。」
　　B「コーヒーが いいです。」
　　1 なにに　　　　　　2 なにも　　　　3 なにが　　　　4 なにを

15 A「あの　しろい　ぼうしを　（　　　　）　人は　だれですか。」
　　B「田中先生ですよ。」

1　かぶって

2　かぶります

3　かぶりながら

4　かぶっている

16 林「みなさん、こちら、アリさんです。きょうから　わたしたちの　チームで
　　　はたらきます。」

　　アリ「はじめまして、アリです。これから　よろしく　（　　　　　）。」

1　おねがいです

2　おねがいします

3　おねがいしました

4　おねがいしましょう

もんだい2 ___★___に 入る ものは どれですか。1・2・3・4から いちばん
いい ものを 一つ えらんで ください。

（もんだいれい）
A「いつ ＿＿＿＿ ＿＿＿＿ ＿★＿ ＿＿＿＿ か。」
B「3月です。」
　1　くに　　　　2　へ　　　　3　ごろ　　　　4　かえります

（こたえかた）
1. ただしい 文を つくります。

A「いつ ＿＿＿＿＿＿＿ ＿＿＿＿＿＿＿ ＿★＿ ＿＿＿＿＿＿＿ か。」
　　　　　　3　ごろ　　　　1　くに　　　　2　へ　　　4　かえります
B「3月です。」

2. ___★___に 入る ばんごうを くろく ぬります。

（かいとうようし）　　（れい）　①　●　③　④

17 A「大学 ＿＿＿＿ ＿＿＿＿ ＿★＿ ＿＿＿＿ ですか。」
　　B「すこし むずかしいです。」
　　1　どう　　　　　2　の　　　　　3　は　　　　　4　べんきょう

18 わたしは 日本の ＿＿＿＿ ＿＿＿＿ ＿★＿ ＿＿＿＿ が すきです。
　　1　うたう　　　　2　うた　　　　3　の　　　　4　を

19 山川さんは ＿＿＿＿ ＿＿＿＿ ＿★＿ ＿＿＿＿ して います。
　　1　おんがくを　　　　　　　　2　しゅくだいを
　　3　ながら　　　　　　　　　　4　きき

20 この ＿＿＿＿ ＿＿＿＿ ＿★＿ ＿＿＿＿ すわないで　ください。

    1　では   2　を   3　教室_{きょうしつ}   4　たばこ

21 りょこうのとき、＿＿＿＿ ＿＿＿＿ ＿★＿ ＿＿＿＿ したり　しました。

    1　おてらへ   2　ふるい   3　スキーを   4　行ったり

文法

もんだい3 | 22 | から | 26 | に 何を 入れますか。ぶんしょうの いみを
かんがえて、1・2・3・4から いちばん いい ものを 一つ
えらんで ください。

　リーさんと　ハンさんは 「わたしの　ともだち」の　さくぶんを　書いて、クラスの
みんなの　前で　読みます。

(1)　リーさんの　さくぶん

> 　わたしの　ともだちは、ミンさんです。ミンさんは、となりの　へや | 22 |
> 住んで　います。いつも　いっしょに　ごはんを　食べます。
>
> 　ミンさんは　よく　じぶんの　国の　テレビを　見ます。| 23 |、日本の
> テレビを　ぜんぜん　見ません。わたしは　日本の　テレビで　見た　ことを
> ミンさんに　話します。ミンさんは　とても　いい　ともだちです。

(2)　ハンさんの　さくぶん

> 　わたしの　ともだちは、テイさんです。テイさんは、今　ゆうめいな　会社で
> | 24 |。いつも　仕事が　いそがしいですから、休みの　日が　少ないです。
>
> 　きのうは　| 25 |　から、いっしょに　買いものを　して、レストランへ
> 行きました。わたしと　テイさんは　学校の　ことや　仕事の　ことを　話し
> ました。とても　たのしかったです。また　テイさんに　| 26 |。

22

 1 で　　　　　　　2 に　　　　　3 へ　　　　　4 を

23

 1 でも　　　　　　2 もっと　　　　3 では　　　　4 あとで

24

 1 働きましょう　　　　　　　　2 働きません
 3 働きました　　　　　　　　　4 働いて　います

25

 1 休みです　　　　　　　　　　2 休みじゃ　ありません
 3 休みでした　　　　　　　　　4 休みじゃ　ないです

26

 1 会いましたか　　　　　　　　2 会いたいです
 3 会って　いました　　　　　　4 会いませんでした

もんだい4　つぎの　(1)から　(3)の　ぶんしょうを　読んで、しつもんに　こたえて
　　　　　ください。こたえは、1・2・3・4から　いちばん　いい　ものを
　　　　　一つ　えらんで　ください。

(1)

　わたしは　子どもの　とき、きらいな　食べものが　ありました。にくと　やさいは
好きでしたが、さかなは　好きじゃ　ありませんでした。今は、さかな料理も　大好きで、
よく　食べます。でも、今　ダイエットを　していますから、あまいものは　食べません。

27 「わたし」は　子どもの　とき、何が　きらいでしたか。

　　1　にくが　きらいでした。

　　2　やさいが　きらいでした。

　　3　さかなが　きらいでした。

　　4　あまいものが　きらいでした。

(2)

メイさんが　コウさんに　手紙を　書きました。

コウさんへ

映画の　チケットが　2まい　あります。いっしょに　行きませんか。
場所は、駅の　前の　映画館です。今週の　土曜日か　日曜日に
行きたいです。

コウさんは　いつが　いいですか。電話で　教えて　ください。

メイ

28 コウさんは　この　手紙を　読んだ　あとで、どうしますか。
1　映画の　チケットを　買います。
2　映画館へ　行きます。
3　メイさんの　うちへ　行きます。
4　メイさんに　電話を　かけます。

(3)

(学校で)

学生が　この　紙を　見ました。

Aクラスの　みなさんへ

高木先生が　病気に　なりました。今日の　午後の　授業は　ありません。

あしたは　午後から　授業が　あります。あさっては　午前だけ

授業が　あります。

あさっての　授業で　かんじの　テストを　しますから、テキストの

21ページから　23ページまでを　べんきょうして　ください。

12月15日

ASK日本語学校

29　いつ　かんじの　テストが　ありますか。

1　12月15日　午前

2　12月16日　午後

3　12月17日　午前

4　12月18日　午後

もんだい5　つぎの　ぶんしょうを　読んで、しつもんに　こたえて　ください。
　　　　　こたえは、1・2・3・4から　いちばん　いい　ものを　一つ
　　　　　えらんで　ください。

これは　リンさんが　書いた　さくぶんです。

ルカさんと　出かけました

リン・ガク

　先週の　日曜日、朝ごはんを　食べた　あとで、おべんとうを　作りました。
わたしは　料理が　好きですから、いつも　じぶんで　ごはんを　作ります。
それから、ルカさんと　会って、いっしょに　海へ　およぎに　行きました。
わたしは　たくさん　およぎました。でも、ルカさんは　①およぎませんでした。
「きのう　おそくまで　おきて　いましたから、ねむいです。」と　言って、
休んで　いました。そのあと、わたしが　作った　おべんとうを　いっしょに
食べました。

　ルカさんは　来週　たんじょうびですから、プレゼントを　あげました。
電車の　本です。ルカさんは、電車が　好きで、いつも　電車の　話を
しますが、わたしは　よく　わかりません。きのう、図書館で　②電車の　本を
かりました。この本を　読んで、ルカさんと　電車の　話を　したいです。

---

30 ルカさんは　どうして　①およぎませんでしたか。

1　おべんとうを　作^{つく}って、つかれたから

2　夜^{よる}　おそくまで　おきていて、ねむかったから

3　電車^{でんしゃ}の　本^{ほん}を　読^よみたかったから

4　たくさん　べんきょうを　したかったから

31 リンさんは　どうして　②電車^{でんしゃ}の　本^{ほん}を　かりましたか。

1　ルカさんと　電車^{でんしゃ}に　乗^のりたいから

2　ルカさんと　電車^{でんしゃ}の　話^{はなし}を　したいから

3　ルカさんに　電車^{でんしゃ}の　本^{ほん}を　あげたいから

4　ルカさんと　電車^{でんしゃ}を　見^みに　行^いきたいから

もんだい6　右の　ページを　見て、下の　しつもんに　こたえて　ください。
　　　　　こたえは、1・2・3・4から　いちばん　いい　ものを　一つ　えらんで
　　　　　ください。

32　アンさんは　山川びじゅつかんへ　行きたいです。電車か　バスに　のって、
　10時までに　行きたいです。電車や　バスは　安い　ほうが　いいです。
　アンさんは　どの　行き方で　行きますか。

1　①

2　②

3　③

4　④

山川びじゅつかんの　行き方

① 山野川駅 →電車 15分 200円→ 五島駅 →あるく 15分→ 山川びじゅつかん 10時5分

② 船山駅 →電車 20分 280円→ 三山駅 →あるく 5分→ 山川びじゅつかん 9時50分

③ バスてい 山野川 →バス 30分 350円→ バスてい 山川びじゅつかん前 →あるく 1分→ 山川びじゅつかん 10時10分

④ バスてい 竹林前 →バス 25分 350円→ バスてい 三山通り →あるく 5分→ 山川びじゅつかん 9時55分

読解

N5
聴解
（30分）

注意
Notes

1. 試験が始まるまで、この問題用紙を開けないでください。

   Do not open this question booklet until the test begins.

2. この問題用紙を持って帰ることはできません。

   Do not take this question booklet with you after the test.

3. 受験番号と名前を下の欄に、受験票と同じように書いてください。

   Write your examinee registration number and name clearly in each box below as written on your test voucher.

4. この問題用紙は、全部で14ページあります。

   This question booklet has 14 pages.

5. この問題用紙にメモをとってもいいです。

   You may make notes in this question booklet.

受験番号　Examinee Registration Number	

名前　Name	

もんだい1　🔊 N5_1_02

　もんだい1では、はじめに　しつもんを　きいて　ください。それから　はなしを
きいて、もんだいようしの　1から4の　なかから、いちばん　いい　ものを　ひとつ
えらんで　ください。

れい　🔊 N5_1_03

1　どうぶつえん
2　えいがかん
3　くうこう
4　でんしゃの　えき

1ばん 🔊 N5_1_04

1

2

3

4

2ばん 🔊 N5_1_05

1

2
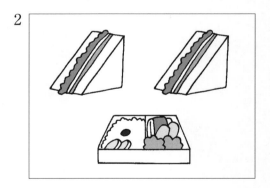

3

4

3ばん 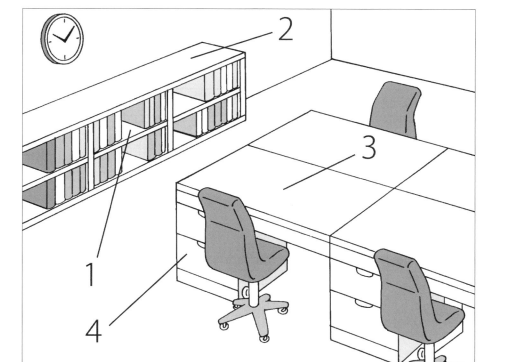 N5_1_06

4ばん ◀)) N5_1_07

1 10:30
2 10:50
3 11:00
4 11:10

6ばん ◀)) N5_1_09

1 げつようび
2 かようび
3 すいようび
4 もくようび

1

2

3

4

もんだい2　🔊 N5_1_11

　　もんだい2では、はじめに　しつもんを　きいて　ください。それから　はなしを
きいて、もんだいようしの　1から4の　なかから、いちばん　いい　ものを　ひとつ
えらんで　ください。

れい　🔊 N5_1_12

1　きょうの　3じ
2　きょうの　3じはん
3　あしたの　9じ
4　あしたの　10じ

1ばん 🔊 N5_1_13

1

2

3

4

2ばん 🔊 N5_1_14

1　プールへ　およぎに　いきます

2　テニスを　します

3　レストランへ　いきます

4　こうえんを　さんぽします

3ばん　🔊 N5_1_15

1

2

3

4

4ばん　🔊 N5_1_16

1

2

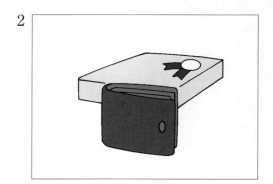

3

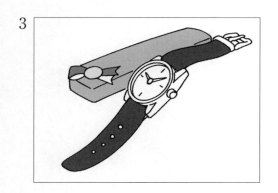

4

5ばん　　🔊 N5_1_17

1　せんせい
2　かいしゃいん
3　ぎんこういん
4　いしゃ

6ばん　　🔊 N5_1_18

1　みちが　わからなかったから
2　じてんしゃが　なかったから
3　しゅくだいを　わすれたから
4　てんきが　よかったから

もんだい3

もんだい3では、えを　みながら　しつもんを　きいて　ください。

➡（やじるし）の　ひとは　なんと　いいますか。1から3の　なかから、いちばん
いい　ものを　ひとつ　えらんで　ください。

れい　N5_1_20

1ばん 🔊 N5_1_21

2ばん 🔊 N5_1_22

もんだい4　🔊 N5_1_26

　もんだい4は、えなどが　ありません。ぶんを　きいて、1から3の　なかから、いちばん　いい　ものを　ひとつ　えらんで　ください。

れい　🔊 N5_1_27

1ばん　🔊 N5_1_28

2ばん　🔊 N5_1_29

3ばん　🔊 N5_1_30

4ばん　🔊 N5_1_31

5ばん　🔊 N5_1_32

6ばん　🔊 N5_1_33

ごうかくもし かいとうようし

N5 げんごちしき (もじ・ごい)

じゅけんばんごう
Examinee Registration Number

なまえ
Name

〈ちゅうい Notes〉

1. くろいえんぴつ (HB、No.2) でかいて ください。
Use a black medium soft (HB or No.2) pencil.
(ペンやボールペンではかかないでください。)
(Do not use any kind of pen.)

2. かきなおすときは、けしゴムできれい にけしてください。
Erase any unintended marks completely.

3. きたなくしたり、おったりしないでくだ さい。
Do not soil or bend this sheet.

4. マークれい Marking Examples

よいれい Correct Example	わるいれい Incorrect Examples
●	⊗ ◌ ◍ ◎ ⊘ ⊖ ●

もんだい1

1	①	②	③	④
2	①	②	③	④
3	①	②	③	④
4	①	②	③	④
5	①	②	③	④
6	①	②	③	④
7	①	②	③	④
8	①	②	③	④
9	①	②	③	④
10	①	②	③	④
11	①	②	③	④
12	①	②	③	④

もんだい2

13	①	②	③	④
14	①	②	③	④
15	①	②	③	④
16	①	②	③	④
17	①	②	③	④
18	①	②	③	④
19	①	②	③	④
20	①	②	③	④

もんだい3

21	①	②	③	④
22	①	②	③	④
23	①	②	③	④
24	①	②	③	④
25	①	②	③	④
26	①	②	③	④
27	①	②	③	④
28	①	②	③	④
29	①	②	③	④
30	①	②	③	④

もんだい4

31	①	②	③	④
32	①	②	③	④
33	①	②	③	④
34	①	②	③	④
35	①	②	③	④

ごうかくもし　かいとうようし

N5　げんごちしき（ぶんぽう）・どっかい

第1回

じゅけんばんごう
Examinee Registration Number

なまえ
Name

もんだい1

1	①	②	③	④
2	①	②	③	④
3	①	②	③	④
4	①	②	③	④
5	①	②	③	④
6	①	②	③	④
7	①	②	③	④
8	①	②	③	④
9	①	②	③	④
10	①	②	③	④
11	①	②	③	④
12	①	②	③	④
13	①	②	③	④
14	①	②	③	④
15	①	②	③	④
16	①	②	③	④

もんだい2

17	①	②	③	④
18	①	②	③	④
19	①	②	③	④
20	①	②	③	④
21	①	②	③	④

もんだい3

22	①	②	③	④
23	①	②	③	④
24	①	②	③	④
25	①	②	③	④
26	①	②	③	④

もんだい4

27	①	②	③	④
28	①	②	③	④
29	①	②	③	④

もんだい5

30	①	②	③	④
31	①	②	③	④

もんだい6

32	①	②	③	④

ごうかくもし かいとうようし

N5 ちょうかい

じゅけんばんごう
Examinee Registration Number

なまえ
Name

〈ちゅうい Notes〉

1. くろいえんぴつ (HB、No.2) でかいて
   ください。
   Use a black medium soft (HB or No.2)
   pencil.
   (ペンやボールペンではかかないでくだ
   さい。)
   (Do not use any kind of pen.)

2. かきなおすときは、けしゴムできれい
   にけしてください。
   Erase any unintended marks completely.

3. きたなくしたり、おったりしないでくだ
   さい。
   Do not soil or bend this sheet.

4. マークれい Marking Examples

よいれい Correct Example	わるいれい Incorrect Examples
●	⊗ ○ ◯ ◑ ◐ ⊖ ●

もんだい1

れい	1	2	3	4
れい	①	②	③	●
1	①	②	③	④
2	①	②	③	④
3	①	②	③	④
4	①	②	③	④
5	①	②	③	④
6	①	②	③	④
7	①	②	③	④

もんだい2

れい	1	2	3	4
れい	①	②	●	④
1	①	②	③	④
2	①	②	③	④
3	①	②	③	④
4	①	②	③	④
5	①	②	③	④
6	①	②	③	④

もんだい3

れい	1	2	3
れい	●	②	③
1	①	②	③
2	①	②	③
3	①	②	③
4	①	②	③
5	①	②	③

もんだい4

れい	1	2	3
れい	①	●	③
1	①	②	③
2	①	②	③
3	①	②	③
4	①	②	③
5	①	②	③
6	①	②	③

N5
げんごちしき（もじ・ごい）
（25ふん）

この模擬試験は2020年度以前の問題数・試験時間に沿って作られています。
問題用紙に記載の通りの試験時間で実施してください。

ちゅうい
Notes

1. しけんが　はじまるまで、この　もんだいようしを　あけないで　ください。
   Do not open this question booklet until the test begins.

2. この　もんだいようしを　もって　かえる　ことは　できません。
   Do not take this question booklet with you after the test.

3. じゅけんばんごうと　なまえを　したの　らんに、じゅけんひょうと
   おなじように　かいて　ください。
   Write your examinee registration number and name clearly in each box below as written on your test voucher.

4. この　もんだいようしは、ぜんぶで　8ページ　あります。
   This question booklet has 8 pages.

5. もんだいには　かいとうばんごうの　1、2、3… が　あります。
   かいとうは、かいとうようしに　ある　おなじ　ばんごうの　ところに
   マークして　ください。
   One of the row numbers 1, 2, 3 … is given for each question. Mark your answer in the same row of the answer sheet.

じゅけんばんごう　Examinee Registration Number	
なまえ　Name	

もんだい1　＿＿＿＿の　ことばは　ひらがなで　どう　かきますか。
　　　　　1・2・3・4から　いちばん　いい　ものを　ひとつ　えらんで
　　　　　ください。

（れい）その　こどもは　小さいです。
　　　　1　ちさい　　　　2　ちいさい　　　3　じさい　　　4　じいさい

（かいとうようし）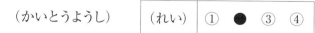

① しごとで　外国へ　いきます。
　　1　がいくに　　　　2　がいこく　　　　3　そとくに　　　　4　そとこく

② マリアさんは　九月に　けっこんしました。
　　1　くげつ　　　　　　　　　　2　くがつ
　　3　きゅうげつ　　　　　　　　4　きゅうがつ

③ きれいな　花ですね。
　　1　かお　　　　　2　はな　　　　　3　き　　　　　　4　そら

④ ここへ　来ないで　ください。
　　1　きないで　　　　2　くないで　　　　3　けないで　　　　4　こないで

⑤ あさから　足が　いたいです。
　　1　うで　　　　　2　あたま　　　　3　あし　　　　　4　くび

⑥ この　まちには　おおきな　川が　あります。
　　1　いけ　　　　　2　かわ　　　　　3　いえ　　　　　4　みち

⑦ なつやすみに　高い　やまに　のぼりました。
　　1　たかい　　　　2　ひろい　　　　3　きれい　　　　4　とおい

8 ジュースが　何本　ほしいですか。

1　なにぽん　　　2　なにほん　　　3　なんぼん　　　4　なんぽん

9 えきの　北に　びじゅつかんが　あります。

1　ひがし　　　2　にし　　　3　きた　　　4　みなみ

10 かぎは　つくえの　上に　あります。

1　まえ　　　2　よこ　　　3　うえ　　　4　した

11 先月　パーティーを　しました。

1　せんげつ　　　2　ぜんげつ　　　3　せんがつ　　　4　ぜんがつ

12 ここから　みずが　出ます。

1　います　　　2　します　　　3　ねます　　　4　でます

もんだい2 ＿＿＿＿の ことばは どう かきますか。1・2・3・4から
いちばん いい ものを ひとつ えらんで ください。

（れい）この テレビは すこし やすいです。

    1　低い　　　　　2　暗い　　　　3　安い　　　　4　悪い

（かいとうようし）　　| （れい） | ① | ② | ● | ④ |

---

13 わたしは あいすくりーむが すきです。

    1　アイスクリーム　　　　　　　　　2　アイヌクリーム

    3　アイスワリーム　　　　　　　　　4　アイヌワリーム

14 よるから あめが ふります。

    1　朝　　　　　　2　昼　　　　　　3　夕　　　　　　4　夜

15 わたしは えいごを はなします。

    1　読します　　　2　語します　　　3　話します　　　4　詰します

16 よく みて ください。

    1　見て　　　　　2　貝て　　　　　3　目て　　　　　4　買て

17 はこの なかに なにを いれましたか。

    1　白　　　　　　2　申　　　　　　3　本　　　　　　4　中

18 あおきさんと わたしは おなじ クラスです。

    1　田じ　　　　　2　回じ　　　　　3　月じ　　　　　4　同じ

19 りょうしんに　てがみを　<u>かきます</u>。

1　申きます　　　　2　里きます　　　　3　軍きます　　　　4　書きます

20 <u>らいしゅう</u>、テストが　あります。

1　来週　　　　　　2　前週　　　　　　3　今週　　　　　　4　先週

もんだい3　（　　　）に　なにが　はいりますか。1・2・3・4から　いちばん
　　　　　いい　ものを　ひとつ　えらんで　ください。

（れい）きのう　サッカーを　（　　　）しました。
　　　　1　れんしゅう　　　　2　こしょう
　　　　3　じゅんび　　　　　4　しゅうり

（かいとうようし）　　　| （れい） | ● | ② | ③ | ④ |

21　しろい　おさらを　4（　　　）　かいました。
　　　1　はい　　　　　　2　さつ　　　　　　3　だい　　　　　　4　まい

22　つぎの　えきで　でんしゃを　（　　　）。
　　　1　とおります　　　2　とります　　　　3　のります　　　　4　おります

23　さむいですから　まどを　（　　　）　ください。
　　　1　しめて　　　　　2　いれて　　　　　3　つけて　　　　　4　けして

24　あきらくんは　（　　　）　おとこのこです。
　　　1　かんたんな　　　2　むりな　　　　　3　べんりな　　　　4　げんきな

25　あついですから　（　　　）　を　つけましょう。
　　　1　スプーン　　　　2　コンビニ　　　　3　エアコン　　　　4　デザイン

26　せんせい、すみません。しゅくだいを　（　　　）。
　　　1　はらいました　　　　　　　　　2　ひきました
　　　3　まけました　　　　　　　　　　4　わすれました

27　この　スープは　とても　（　　　）です。
　　　1　まるい　　　　　2　つよい　　　　　3　からい　　　　　4　よわい

28 しゅうまつは、テストの （　　　　）を　します。

1　そうじ　　　　　2　べんきょう　　　　3　しょくじ　　　　　4　せんたく

29 あめでしたが、（　　　　）が　ありませんでしたから、こまりました。

1　めいし　　　　　2　かさ　　　　　　　3　しゃしん　　　　　4　とけい

30 この　みちを　（　　　　）、みぎに　まがります。

1　きって　　　　　2　もって　　　　　　3　つくって　　　　　4　わたって

もんだい4 ＿＿＿の ぶんと だいたい おなじ いみの ぶんが あります。
1・2・3・4から いちばん いい ものを ひとつ えらんで
ください。

（れい） わたしは にほんごの ほんが ほしいです。

　　　　1 わたしは にほんごの ほんを もって います。

　　　　2 わたしは にほんごの ほんが わかります。

　　　　3 わたしは にほんごの ほんを うって います。

　　　　4 わたしは にほんごの ほんを かいたいです。

（かいとうようし）　| （れい） | ① ② ③ ● |

31 ゆうべから あめが ふっています。

　　　　1 きのうの あさから あめが ふって います。

　　　　2 きのうの よるから あめが ふって います。

　　　　3 おとといの あさから あめが ふって います。

　　　　4 おとといの よるから あめが ふって います。

32 きょうしつは ひろくないです。

　　　　1 きょうしつは せまいです。

　　　　2 きょうしつは おおきいです。

　　　　3 きょうしつは ちかいです。

　　　　4 きょうしつは あかるいです。

33 あした しごとは やすみでは ありません。

　　　　1 あした しごとを しません。

　　　　2 あした しごとを やすみます。

　　　　3 あした しごとに いきます。

　　　　4 あした しごとに いきません。

34 このまちは　とても　しずかです。

　　1　このまちは　とても　きれいです。

　　2　このまちは　とても　つまらないです。

　　3　このまちは　にぎやかじゃ　ありません。

　　4　このまちは　じょうぶじゃ　ありません。

35 くうこうまで　ともだちを　おくりました。

　　1　ともだちは　ひとりで　くうこうへ　いきました。

　　2　ともだちを　くうこうへ　つれていきました。

　　3　ともだちが　くうこうに　きました。

　　4　ともだちに　くうこうで　あいました。

N5

言語知識（文法）・読解

（50 ぷん）

この模擬試験は2020年度以前の問題数・試験時間に沿って作られています。
問題用紙に記載の通りの試験時間で実施してください。

注　意
Notes

1. 試験が始まるまで、この問題用紙をあけないでください。

   Do not open this question booklet until the test begins.

2. この問題用紙を持ってかえることはできません。

   Do not take this question booklet with you after the test.

3. 受験番号となまえをしたの欄に、受験票とおなじようにかいてください。

   Write your examinee registration number and name clearly in each box below
   as written on your test voucher.

4. この問題用紙は、全部で15ページあります。

   This question booklet has 15 pages.

5. 問題には解答番号の　1　、　2　、　3　… があります。
   解答は、解答用紙にあるおなじ番号のところにマークしてください。

   One of the row numbers 1 , 2 , 3 … is given for each question. Mark
   your answer in the same row of the answer sheet.

受験番号　Examinee Registration Number	

なまえ　Name	

もんだい1　（　　　）に　何を　入れますか。1・2・3・4から　いちばん
　　　　　　いい　ものを　一つ　えらんで　ください。

（れい）きのう　ともだち（　　　）こうえんへ　いきました。
　　　　1　と　　　　2　を　　　　3　は　　　　4　や

（かいとうようし）　　｜（れい）｜ ● ② ③ ④ ｜

1　まりさんの　うちは　かわの　そば（　　　）あります。
　　1　が　　　　　　2　に　　　　　　3　で　　　　　　4　へ

2　あれは　にほん（　　　）くるまです。
　　1　の　　　　　　2　は　　　　　　3　が　　　　　　4　と

3　テレビを　見て（　　　）、しゅくだいを　します。
　　1　あと　　　　　2　さき　　　　　3　より　　　　　4　から

4　毎日　よる　8時（　　　）べんきょうします。
　　1　で　　　　　　2　まえ　　　　　3　まで　　　　　4　では

5　なつやすみに　アメリカへ　りょこう（　　　）行きます。
　　1　を　　　　　　2　に　　　　　　3　と　　　　　　4　は

6　A「名前は　何で　かきますか。」
　　B「くろ（　　　）あおの　ペンで　かいて　ください。」
　　1　で　　　　　　2　の　　　　　　3　か　　　　　　4　も

7　（　　　）とき、いっしょに　出かけませんか。
　　1　ひまです　　　2　ひまだ　　　3　ひまの　　　4　ひまな

8 きょねんは 1かい（　　　）きょうとへ 行きました。

1 とき　　　　　2 いつ　　　　　3 だけ　　　　　4 から

9 A「この ペンは （　　　）ですか。」

B「あ、わたしのです。」

1 どこの　　　　　2 いつの　　　　3 だれの　　　　　4 なんの

10 田中先生「時間です。テストは おわりです。」

マリア「先生、ケンさんが まだ （　　　）。」

田中先生「ケンさん、おわりですよ。テストを 出して ください。」

1 かいて います　　　　　　　　2 かきません

3 かきました　　　　　　　　　　4 かきませんでした

11 A「スミスさんは （　　　）人ですか。」

B「とても やさしい 人です。」

1 なに　　　　　2 どんな　　　　3 どう　　　　　4 だれ

12 国へ 帰る （　　　　）、おみやげを 買います。

1 まえは　　　　　2 まえに　　　3 あとは　　　　　4 あとに

13 国では 日本語を （　　　）べんきょう しませんでした。

1 ぜんぜん　　　　2 ちょうど　　3 もういちど　　　4 とても

14 いえの なかには だれも （　　　）。

1 います　　　　　2 あります　　3 いません　　　　4 ありません

15 A「12時です。昼ごはんを　（　　　　）。」

B「そうですね。じゃあ、あと　10分　しごとを　して、そのあとで　食べましょう。」

　　1　食べませんか　　　　　　　　2　食べましたか

　　3　食べたからです　　　　　　　4　食べたくないです

16 店の人「オレンジジュースと　ハンバーガー　ふたつ　ですね。ぜんぶで　450円です。」

中田「え、すみません。（　　　　）。」

店の人「450円です。」

　　1　どちらですか　　　　　　　　2　なんじですか

　　3　どなたですか　　　　　　　　4　いくらですか

文法

もんだい2 ＿＿★＿＿に 入（はい）る ものは どれですか。1・2・3・4から いちばん
いい ものを 一つ えらんで ください。

（もんだいれい）

A「いつ ＿＿＿＿ ＿＿＿＿ ＿＿★＿＿ ＿＿＿＿ か。」

B「3月（がつ）です。」

　　1　くに　　　　2　へ　　　　　3　ごろ　　　　　4　かえります

（こたえかた）

1. ただしい 文（ぶん）を つくります。

> A「いつ ＿＿＿＿＿＿＿ ＿＿＿＿＿＿＿ ＿＿★＿＿ ＿＿＿＿＿＿ か。」
> 　　　　　3　ごろ　　　1　くに　　　2　へ　　4　かえります
> B「3月（がつ）です。」

2. ＿＿★＿＿に 入（はい）る ばんごうを くろく ぬります。

（かいとうようし）　　| （れい） | ① ● ③ ④ |

17　わたしの へや ＿＿＿＿ ＿＿＿＿ ＿＿★＿＿ ＿＿＿＿ ひろいです。

　　1　が　　　　　2　は　　　　　　3　です　　　　　4　ふるい

18　これは ＿＿＿＿ ＿＿＿＿ ＿＿★＿＿ ＿＿＿＿ ありません。

　　1　の　　　　　2　ことし　　　　3　じゃ　　　　　4　カレンダー

19　村田（むらた）「キムさんの ＿＿＿＿ ＿＿＿＿ ＿＿★＿＿ ＿＿＿＿ 何（なん）ですか。」

　　キム「かぞくです。」

　　1　たいせつな　　2　は　　　　　3　もの　　　　　4　いちばん

20 わたしの　いもうと ＿＿＿ ＿＿＿ ＿★＿ ＿＿＿ です。

1　ながい　　　　　2　かみ　　　　　　3　が　　　　　　　4　は

21 この　しゅくだいは ＿＿＿ ＿＿＿ ＿★＿ ＿＿＿ ください。

1　まで　　　　　　2　火_か曜_{よう}日_び　　　　3　出_だして　　　　4　に

もんだい3　22　から　26　に　何を　入れますか。ぶんしょうの　いみを
かんがえて、1・2・3・4から　いちばん　いい　ものを　一つ
えらんで　ください。

リンさんと　ソウさんは　「夏休み」の　さくぶんを　書いて、クラスの　みんなの　前で
読みます。

(1)　リンさんの　さくぶん

　　　夏休みに　友だちと　海に　行きました。わたしの　町から　海まで、
電車で　2時間ぐらい　かかりました。海には、人が　22　いました。わた
したちは　海で　およいだり、ボールで　あそんだり　しました。海の　中は、
水が　とても　きれいで、小さい　さかなも　いました。来年も　友だちと
海に　23　。

(2)　ソウさんの　さくぶん

　　　夏休みは　とても　あつかったです。わたしは　あついのが　きらいですから、
24　出かけませんでした。学校が　ある　日は　勉強が
いそがしいです。25　、夏休みは　時間が　ありましたから、わたしは
毎日　うちで　アニメを　見ました。ずっと　見たかった　アニメです。
みなさんは　アニメが　好きですか。こんど　わたしと　いっしょに　アニメを
26　。

22

1　よく　　　　　　2　これから　　3　たくさん　　　　4　もうすぐ

23

1　行きたいです　　　　　　2　行きません
3　行って　います　　　　　4　行きました

24

1　すぐ　　　　　　2　あまり　　　3　よく　　　　　　4　すこし

25

1　でも　　　　　　2　だから　　　3　それから　　　　4　それに

26

1　見ましょう　　　　　　2　見ないで　ください
3　見て　いましたか　　　4　見ませんでしたか

もんだい4　つぎの　(1)から　(3)の　ぶんしょうを　読んで、しつもんに　こたえて
　　　　　ください。こたえは、1・2・3・4から　いちばん　いい　ものを
　　　　　一つ　えらんで　ください。

(1)
　　今日　学校の　前に　本やへ　行きました。でも、わたしが　読みたい　本は
ありませんでした。それから、図書館へ　行って、本を　かりました。かりた本を
きょうしつで　少し　読みました。この　本は　来月　図書館に　かえします。

27　「わたし」は　今日　何を　しましたか。
　　1　本やで　本を　買いました。
　　2　図書館で　本を　読みました。
　　3　図書館に　本を　かえしました。
　　4　学校で　本を　読みました。

（2）

（学校で）

学生が　この　紙を　見ました。

学生の　みなさんへ

来週の　月曜日は　かんじの　テストです。テストは　10時40分から、142きょうしつで　します。

9時から　10時35分までは　141きょうしつで　ぶんぽうの　じゅぎょうを　します。

じゅぎょうの　あと、141きょうしつで　待っていて　ください。先生が　名前を　よびに　行きます。

---

28 テストの　日、学生は　何を　しますか。

1　9時に　学校へ　行って、じゅぎょうの　あと、先生を　待ちます。

2　9時に　学校へ　行って、テストの　あと、みんなで　142きょうしつに　行きます。

3　10時40分に　学校へ　行って、142きょうしつで　テストを　します。

4　10時40分に　学校へ　行って、141きょうしつで　先生を　待ちます。

(3)
吉田さんから　ファンさんに　メールが　来ました。

ファンさん

　　きのう　家族から　くだものを　もらいましたから、ファンさんに　あげたいです。
ファンさんの　へやに　持って　行っても　いいですか。ファンさんが　へやに
いる　時間を　教えて　ください。

　　わたしは　今日　夕方まで　学校が　ありますが、そのあとは　ひまです。
あしたの　夜は　アルバイトが　ありますが、昼までなら　いつでも
だいじょうぶです。

　　　　　　　　　　　　　　　　　　　　　　　　　　　　　　　　　　　　吉田

---

29 吉田さんは　いつ　時間が　ありますか。
1　今日の　夜、あしたの　朝
2　今日の　夜、あしたの　夜
3　今日の　昼、あしたの　昼
4　あしたの　朝、あしたの　夜

もんだい5 つぎの ぶんしょうを 読んで、しつもんに こたえて ください。
こたえは、1・2・3・4から いちばん いい ものを 一つ
えらんで ください。

これは ワンさんが 書いた さくぶんです。

日本の テレビ

ワン・チェン

　わたしは 先月、友だちに テレビを もらいました。大きい テレビです。
日本に 来て はじめて テレビを 見ました。ニュースを 見ましたが、
日本語が むずかしくて ぜんぜん わかりませんでした。

　先週、テレビで わたしの 町の ニュースを 見ました。わたしの 町の
おまつりの ニュースでした。日本語は むずかしかったですが、少し
わかりました。とても うれしかったです。

　わたしは、毎朝 テレビで ニュースを 見て、ニュースの 日本語を
おぼえます。学校の 教科書に ない ことばも おぼえます。日本語の
勉強が できますから、とても いいです。学校へ 行くときは、電車の
中で スマホで 国の ニュースを 見ます。国の ニュースは
よく わかりますから、たのしいです。

　あしたは 学校が 休みですから、友だちが わたしの うちへ 来ます。
友だちと いっしょに テレビで 日本の ニュースを 見て 新しい ことばを
勉強します。

---

30 どうして　うれしかったですか。

1　大きい　テレビを　もらったから

2　日本で　はじめて　テレビを　見たから

3　おまつりが　たのしかったから

4　日本の　ニュースが　少し　わかったから

31 ワンさんは　あした　友だちと　何を　しますか。

1　スマホで　国の　ニュースを　見ます。

2　テレビで　日本の　ニュースを　見ます。

3　教科書の　勉強を　します。

4　電車で　学校へ　行きます。

もんだい6　右の　ページを　見て、下の　しつもんに　こたえて　ください。
　　　　　こたえは、1・2・3・4から　いちばん　いい　ものを　一つ　えらんで
　　　　　ください。

32　田中さんは　友だちと　いっしょに　スポーツが　したいです。田中さんは　月曜日から
　　金曜日まで　学校と　アルバイトが　ありますから、スポーツは　できません。休みの
　　日の　午前中は　べんきょうを　します。田中さんは　どの　スポーツを　しますか。

1　サッカー

2　バスケットボール

3　バレーボール

4　テニス

さくら市　スポーツクラブの　お知らせ

さくら市の　スポーツクラブを　しょうかいします。
みんなで　スポーツを　しませんか。

★さくらFC
金曜日の　夜に　サッカーを　します。
子どもから　おとなまで　いろいろな　人が　います！

★SAKURAバスケットチーム
土曜日の　10時から　12時まで　バスケットボールを　しています。
友だちも　たくさん　できますよ！

★バレーボールクラブ
日曜日の　夕方に　たのしく　バレーボールを　しましょう！
バレーボールを　したい人は　だれでも　だいじょうぶです！

★サクラテニス
毎週、日曜日の　朝に　テニスを　します。
はじめての　人にも　やさしく　おしえます！

N5

ちょうかい
聴解
ぶん
（30分）

ちゅう　い
注　意
Notes

1. 試験が始まるまで、この問題用紙を開けないでください。

   Do not open this question booklet until the test begins.

2. この問題用紙を持って帰ることはできません。

   Do not take this question booklet with you after the test.

3. 受験番号と名前を下の欄に、受験票と同じように書いてください。

   Write your examinee registration number and name clearly in each box below as written on your test voucher.

4. この問題用紙は、全部で14ページあります。

   This question booklet has 14 pages.

5. この問題用紙にメモをとってもいいです。

   You may make notes in this question booklet.

じゅけんばんごう 受験番号　Examinee Registration Number	

なまえ 名前　Name	

もんだい1　🔊 N5_2_02

　もんだい1では、はじめに　しつもんを　きいて　ください。それから　はなしを
きいて、もんだいようしの　1から4の　なかから、いちばん　いい　ものを　ひとつ
えらんで　ください。

れい　🔊 N5_2_03

1　どうぶつえん
2　えいがかん
3　くうこう
4　でんしゃの　えき

1ばん 🔊 N5_2_04

1

なまえ	John Brown
じゅうしょ	とうきょうとしんじゅくく 東京都新宿区X-X-X
でんわばんごう	090-XXXX-XXXX

2

なまえ	ジョン・ブラウン
じゅうしょ	とうきょうとしんじゅくく 東京都新宿区X-X-X
でんわばんごう	090-XXXX-XXXX

3

なまえ	John Brown
じゅうしょ	トウキョウトシンジュクク 東京都新宿区X-X-X
でんわばんごう	090-XXXX-XXXX

4

なまえ	ジョン・ブラウン
じゅうしょ	トウキョウトシンジュクク 東京都新宿区X-X-X
でんわばんごう	090-XXXX-XXXX

2ばん 🔊 N5_2_05

1

2

3

4

3ばん  N5_2_06

4ばん N5_2_07

1
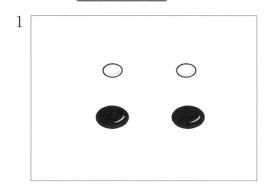

2
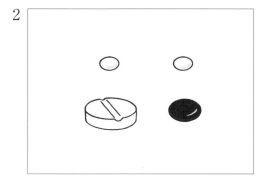

3
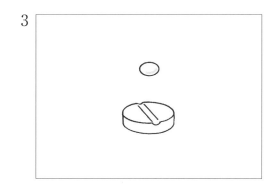

4
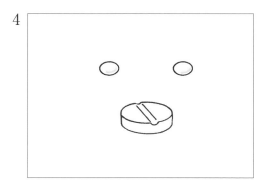

第2回

聴解

5ばん　🔊 N5_2_08

1　どようびの　ひる
2　どようびの　よる
3　にちようびの　ひる
4　にちようびの　よる

6ばん　🔊 N5_2_09

1　きょうしつで　しゅくだいを　します
2　せんせいに　でんわを　します
3　せんせいが　いる　クラスに　いきます
4　せんせいの　つくえに　しゅくだいを　おきます

7ばん　　◀» N5_2_10

1

2

3

4

第2回

聴解

035

もんだい2　　🔊 N5_2_11

　もんだい2では、はじめに　しつもんを　きいて　ください。それから　はなしを
きいて、もんだいようしの　1から4の　なかから、いちばん　いい　ものを　ひとつ
えらんで　ください。

れい　　🔊 N5_2_12

1　きょうの　3じ
2　きょうの　3じはん
3　あしたの　9じ
4　あしたの　10じ

1ばん  ◀» N5_2_13

1

2

3

4

2ばん ◀» N5_2_14

1　230えん
2　240えん
3　300えん
4　320えん

3ばん

1

2

3

4

4ばん

1
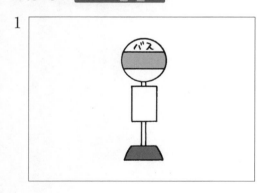

2
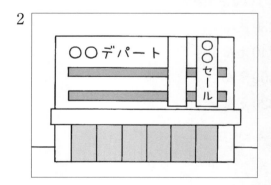

3
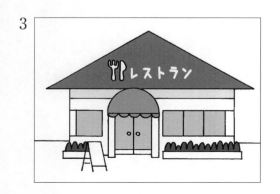

4
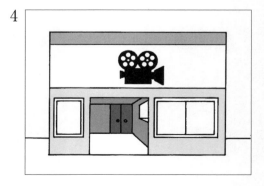

5ばん　🔊 N5_2_17

1　げつようび

2　かようび

3　すいようび

4　もくようび

6ばん　🔊 N5_2_18

1　二人
　　_{ふたり}

2　三人
　　_{さんにん}

3　四人
　　_{よにん}

4　五人
　　_{ごにん}

もんだい３

　もんだい３では、えを　みながら　しつもんを　きいて　ください。

➡（やじるし）の　ひとは　なんと　いいますか。1から3の　なかから、いちばん
いい　ものを　ひとつ　えらんで　ください。

れい　🔊 N5_2_20

1ばん　🔊 N5_2_21

2ばん　🔊 N5_2_22

3ばん 🔊 N5_2_23

4ばん 🔊 N5_2_24

第2回

聴解

もんだい4　　🔊 N5_2_26

　もんだい4は、えなどが　ありません。ぶんを　きいて、1から3の　なかから、いちばん　いい　ものを　ひとつ　えらんで　ください。

れい　　🔊 N5_2_27

1ばん　　🔊 N5_2_28

2ばん　　🔊 N5_2_29

3ばん　　🔊 N5_2_30

4ばん　　🔊 N5_2_31

5ばん　　🔊 N5_2_32

6ばん　　🔊 N5_2_33

ごうかくもし かいとうようし

N5 げんごちしき (もじ・ごい)

第2回

じゅけんばんごう
Examinee Registration Number

なまえ
Name

〈ちゅうい Notes〉

1. くろいえんぴつ (HB、No.2) でかいて
   ください。
   Use a black medium soft (HB or No.2)
   pencil.
   (ペンやボールペンではかかないでくだ
   さい。)
   (Do not use any kind of pen.)

2. かきなおすときは、けしゴムできれい
   にけしてください。
   Erase any unintended marks completely.

3. きたなくしたり、おったりしないでくだ
   さい。
   Do not soil or bend this sheet.

4. マークれい Marking Examples

よいれい Correct Example	わるいれい Incorrect Examples
●	⊗ ⊘ ○ ◎ ⦿ ⊙ ⊖ ◍

もんだい1

1	①	②	③	④
2	①	②	③	④
3	①	②	③	④
4	①	②	③	④
5	①	②	③	④
6	①	②	③	④
7	①	②	③	④
8	①	②	③	④
9	①	②	③	④
10	①	②	③	④
11	①	②	③	④
12	①	②	③	④

もんだい2

13	①	②	③	④
14	①	②	③	④
15	①	②	③	④
16	①	②	③	④
17	①	②	③	④
18	①	②	③	④
19	①	②	③	④
20	①	②	③	④

もんだい3

21	①	②	③	④
22	①	②	③	④
23	①	②	③	④
24	①	②	③	④
25	①	②	③	④
26	①	②	③	④
27	①	②	③	④
28	①	②	③	④
29	①	②	③	④
30	①	②	③	④

もんだい4

31	①	②	③	④
32	①	②	③	④
33	①	②	③	④
34	①	②	③	④
35	①	②	③	④

ごうかくもし かいとうようし

N5 げんごちしき（ぶんぽう）・どっかい

じゅけんばんごう
Examinee Registration Number

なまえ
Name

〈ちゅうい Notes〉

1. くろいえんぴつ (HB、No.2) でかいて
ください。
Use a black medium soft (HB or No.2)
pencil.
（ペンやボールペンではかかないでくだ
さい。）
(Do not use any kind of pen.)

2. かきなおすときは、けしゴムできれい
にけしてください。
Erase any unintended marks completely.

3. きたなくしたり、おったりしないでくだ
さい。
Do not soil or bend this sheet.

4. マークれい Marking Examples

よいれい Correct Example	わるいれい Incorrect Examples
●	⊗ ⊘ ⊙ ◯ ⦸ ⊖ ⚫

もんだい1

1	①	②	③	④
2	①	②	③	④
3	①	②	③	④
4	①	②	③	④
5	①	②	③	④
6	①	②	③	④
7	①	②	③	④
8	①	②	③	④
9	①	②	③	④
10	①	②	③	④
11	①	②	③	④
12	①	②	③	④
13	①	②	③	④
14	①	②	③	④
15	①	②	③	④
16	①	②	③	④

もんだい2

17	①	②	③	④
18	①	②	③	④
19	①	②	③	④
20	①	②	③	④
21	①	②	③	④

もんだい3

22	①	②	③	④
23	①	②	③	④
24	①	②	③	④
25	①	②	③	④
26	①	②	③	④

もんだい4

27	①	②	③	④
28	①	②	③	④
29	①	②	③	④

もんだい5

30	①	②	③	④
31	①	②	③	④

もんだい6

32	①	②	③	④

ごうかくもし かいとうようし

N5 ちょうかい

じゅけんばんごう
Examinee Registration Number

なまえ
Name

〈ちゅうい Notes〉

1. くろいえんぴつ (HB、No.2) でかいて
ください。
Use a black medium soft (HB or No.2)
pencil.
(ペンやボールペンではかかないでくだ
さい。)
(Do not use any kind of pen.)

2. かきなおすときは、けしゴムできれい
にけしてください。
Erase any unintended marks completely.

3. きたなくしたり、おったりしないでくだ
さい。
Do not soil or bend this sheet.

4. マークれい Marking Examples

よいれい Correct Example	わるいれい Incorrect Examples
●	⊗ ◯ ◯ ◯ ◐ ⦸

もんだい1

れい	①	②	③	●
1	①	②	③	④
2	①	②	③	④
3	①	②	③	④
4	①	②	③	④
5	①	②	③	④
6	①	②	③	④
7	①	②	③	④

もんだい2

れい	①	②	③	●
1	①	②	③	④
2	①	②	③	④
3	①	②	③	④
4	①	②	③	④
5	①	②	③	④
6	①	②	③	④

もんだい3

れい	●	②	③
1	①	②	③
2	①	②	③
3	①	②	③
4	①	②	③
5	①	②	③

もんだい4

れい	①	●	③
1	①	②	③
2	①	②	③
3	①	②	③
4	①	②	③
5	①	②	③
6	①	②	③

N5
げんごちしき（もじ・ごい）
（25ふん）

この模擬試験は2020年度以前の問題数・試験時間に沿って作られています。
問題用紙に記載の通りの試験時間で実施してください。

ちゅうい
Notes

1. しけんが　はじまるまで、この　もんだいようしを　あけないで　ください。
   Do not open this question booklet until the test begins.

2. この　もんだいようしを　もって　かえる　ことは　できません。
   Do not take this question booklet with you after the test.

3. じゅけんばんごうと　なまえを　したの　らんに、じゅけんひょうと
   おなじように　かいて　ください。
   Write your examinee registration number and name clearly in each box below
   as written on your test voucher.

4. この　もんだいようしは、ぜんぶで　8ページ　あります。
   This question booklet has 8 pages.

5. もんだいには　かいとうばんごうの　1、2、3… が　あります。
   かいとうは、かいとうようしに　ある　おなじ　ばんごうの　ところに
   マークして　ください。
   One of the row numbers 1, 2, 3… is given for each question. Mark
   your answer in the same row of the answer sheet.

じゅけんばんごう　Examinee Registration Number	
なまえ　Name	

もんだい1 ＿＿＿＿の ことばは ひらがなで どう かきますか。
1・2・3・4から いちばん いい ものを ひとつ えらんで
ください。

（れい） その こどもは 小さいです。
　　　　1 ちさい　　　　2 ちいさい　　　　3 じさい　　　　4 じいさい

（かいとうようし）　　　| （れい） | ① ● ③ ④ |

1 7じに うちへ 帰ります。
　　1 かいります　　　　　　　　　　2 かえります
　　3 もどります　　　　　　　　　　4 もとります

2 いっしょに お茶を のみませんか。
　　1 みす　　　　　　2 みず　　　　　3 ちゃ　　　　　4 ぢゃ

3 自転車で こうえんへ いきます。
　　1 じでんしゃ　　　　　　　　　　2 じてんしゃ
　　3 じどうしゃ　　　　　　　　　　4 じとうしゃ

4 きょうは 暑い ですね。
　　1 さむい　　　　　　2 さぶい　　　　　3 あづい　　　　　4 あつい

5 このケーキは 六百円です。
　　1 ろくひゃく　　　　　　　　　　2 ろっひゃく
　　3 ろくびゃく　　　　　　　　　　4 ろっぴゃく

6 あねは 1989ねんに 生まれました。
　　1 うまれました　　　　　　　　　2 いまれました
　　3 きまれました　　　　　　　　　4 くまれました

7 毎月　えいがを　みます。
　　1　まいがつ　　　　　2　まいつき　　　3　めいがつ　　　4　めいつき

8 この　コートは　すこし　長いです。
　　1　ひろい　　　　　　2　せまい　　　　3　ながい　　　　4　みじかい

9 赤い　セーターを　かいたいです。
　　1　あおい　　　　　　2　あかい　　　　3　しろい　　　　4　くろい

10 花火を　みに　いきます。
　　1　はねひ　　　　　　2　はねび　　　　3　はなひ　　　　4　はなび

11 この　へやは　明るい　です。
　　1　あかるい　　　　　2　あきるい　　　3　あくるい　　　4　あけるい

12 テレビの　音を　おおきく　します。
　　1　おと　　　　　　　2　こえ　　　　　3　いろ　　　　　4　あじ

もんだい2　＿＿＿　の　ことばは　どう　かきますか。1・2・3・4から
　　　　　　いちばん　いい　ものを　ひとつ　えらんで　ください。

（れい）この　テレビは　すこし　やすいです。

　　　　1　低い　　　2　暗い　　　3　安い　　　4　悪い

（かいとうようし）

（れい）	①	②	●	④

13　なまえを　ぼーるぺんで　かいて　ください。

　　1　ボーレペン　　　　　　　　　　2　ボールペン

　　3　ボーレペシ　　　　　　　　　　4　ボールペシ

14　あまり　げんきじゃ　ありません。

　　1　干気　　　　　2　元気　　　3　干汽　　　4　元汽

15　わたしは　あさ　しんぶんを　よみます。

　　1　書みます　　　2　話みます　　3　買みます　　4　読みます

16　あした　あにに　あいます。

　　1　父　　　　　2　兄　　　3　弟　　　4　母

17　でんしゃで　がっこうへ　いきます。

　　1　雷車　　　　　2　雷話　　　3　電車　　　4　電話

18　いもうとは　しょうがくせいです。

　　1　小学生　　　2　中学生　　　3　高校生　　　4　大学生

19 わたしの　まちには　おおきな　えいがかんが　あります。

1　駅　　　　　　　2　市　　　　　　　3　町　　　　　　　4　村

20 かいしゃまで　あるいて　いきます。

1　会仕　　　　　　2　会社　　　　　　3　公仕　　　　　　4　公社

もんだい3　（　　　）に　なにが　はいりますか。1・2・3・4から　いちばん
　　　　　　いい　ものを　ひとつ　えらんで　ください。

（れい）きのう　サッカーを　（　　　）しました。

　　　　1　れんしゅう　　　　　2　こしょう

　　　　3　じゅんび　　　　　　4　しゅうり

（かいとうようし）　　| （れい）| ● ② ③ ④ |

21　にほんりょうりの　（　　　）で　ばんごはんを　たべました。

　　1　メートル　　　　　　　　　　　2　サングラス

　　3　レストラン　　　　　　　　　　4　ハンサム

22　としょかんへ　ほんを　（　　　）　いきました。

　　1　かえりに　　　　　2　かえしに　　　　3　あそびに　　　4　わすれに

23　この　まちは　いろいろな　みせが　ありますから、（　　　）です。

　　1　へた　　　　　　　2　じょうず　　　　3　しずか　　　　4　べんり

24　インフルエンザの　ときは、くすりを　（　　　）　ください。

　　1　のんで　　　　　　2　たべて　　　　　3　やんで　　　　4　よんで

25　ぎゅうにゅうを　7（　　　）　ください。

　　1　まい　　　　　　　2　こ　　　　　　　3　さつ　　　　　4　ほん

26　ゆうがたから　あめですから、かさを　（　　　）　でかけます。

　　1　もって　　　　　　2　かいて　　　　　3　きて　　　　　4　して

27　（　　　）の　たんじょうびに　カメラを　もらいました。

　　1　らいげつ　　　　　2　きょねん　　　　3　あさって　　　4　こんばん

28 30ぷん　まえから　ともだちを　（　　　　）いますが、きません。

1　かって　　　　　　2　とって　　　　3　まって　　　4　あって

29 ほんやの　となりに　（　　　　）が　ありますか。

1　なに　　　　　　　2　いつ　　　　　3　どこ　　　　4　だれ

30 よるは　いつも　10じに　おふろに　（　　　　）。

1　きります　　　　　2　いります　　　3　あびます　　4　はいります

もんだい４　_____の　ぶんと　だいたい　おなじ　いみの　ぶんが　あります。
　　　　　　　１・２・３・４から　いちばん　いい　ものを　ひとつ　えらんで
　　　　　　　ください。

（れい）　わたしは　にほんごの　ほんが　ほしいです。
　　　　　１　わたしは　にほんごの　ほんを　もって　います。
　　　　　２　わたしは　にほんごの　ほんが　わかります。
　　　　　３　わたしは　にほんごの　ほんを　うって　います。
　　　　　４　わたしは　にほんごの　ほんを　かいたいです。

（かいとうようし）

| （れい） | ① | ② | ③ | ● |

31　がっこうは　きのうから　あさってまで　やすみです。
　　　１　がっこうは　ふつかかん　やすみです。
　　　２　がっこうは　みっかかん　やすみです。
　　　３　がっこうは　よっかかん　やすみです。
　　　４　がっこうは　いつかかん　やすみです。

32　しゅうまつは　ひまじゃ　ありませんでした。
　　　１　しゅうまつは　きれいでした。
　　　２　しゅうまつは　にぎやかでした。
　　　３　しゅうまつは　たのしかったです。
　　　４　しゅうまつは　いそがしかったです。

33　あには　えいごの　きょうしです。
　　　１　あには　えいごを　おしえて　います。
　　　２　あには　えいごを　ならって　います。
　　　３　あには　えいごを　べんきょうして　います。
　　　４　あには　えいごを　よんで　います。

34 つまは　およぐのが　じょうずじゃ　ありません。

　　1　つまは　およぐのが　きらいです。

　　2　つまは　およぐのが　すきです。

　　3　つまは　およぐのが　へたです。

　　4　つまは　およぐのが　かんたんです。

35 ははは　いもうとに　かばんを　かしました。

　　1　ははは　いもうとに　かばんを　あげました。

　　2　ははは　いもうとに　かばんを　かりました。

　　3　いもうとは　ははに　かばんを　あげました。

　　4　いもうとは　ははに　かばんを　かりました。

N5

言語知識（文法）・読解

（50ぷん）

この模擬試験は2020年度以前の問題数・試験時間に沿って作られています。
問題用紙に記載の通りの試験時間で実施してください。

注　意

Notes

1. 試験が始まるまで、この問題用紙をあけないでください。

   Do not open this question booklet until the test begins.

2. この問題用紙を持ってかえることはできません。

   Do not take this question booklet with you after the test.

3. 受験番号となまえをしたの欄に、受験票とおなじようにかいてください。

   Write your examinee registration number and name clearly in each box below as written on your test voucher.

4. この問題用紙は、全部で15ページあります。

   This question booklet has 15 pages.

5. 問題には解答番号の [1]、[2]、[3] … があります。
   解答は、解答用紙にあるおなじ番号のところにマークしてください。

   One of the row numbers [1], [2], [3] … is given for each question. Mark your answer in the same row of the answer sheet.

受験番号　Examinee Registration Number	

なまえ　Name	

もんだい1　（　　　）に　何を　入れますか。1・2・3・4から　いちばん
　　　　　　いい　ものを　一つ　えらんで　ください。

（れい）きのう　ともだち（　　　）　こうえんへ　いきました。

　　　　　1　と　　　　2　を　　　　3　は　　　　4　や

（かいとうようし）　　｜（れい）　● ② ③ ④ ｜

1　これは　フランス（　　　）　かった　かばんです。

　　1　を　　　　　　　2　で　　　　　　3　に　　　　　　4　の

2　A「日本語の　じゅぎょうは　いつ　ありますか。」
　　B「月曜日と　水曜日（　　　）　あります。」
　　1　で　　　　　　　2　に　　　　　　3　が　　　　　　4　を

3　ぎんこうと　スーパー（　　　）　あいだに、かいしゃが　あります。
　　1　と　　　　　　　2　で　　　　　　3　の　　　　　　4　に

4　田中先生は　しんせつ（　　　）　おもしろい　人です。
　　1　で　　　　　　　2　し　　　　　　3　て　　　　　　4　と

5　その　ビルを　右（　　　）　まがって　ください。
　　1　まで　　　　　　2　では　　　　　3　に　　　　　　4　を

6　国の　友だち（　　　）　でんわを　かけます。
　　1　に　　　　　　　2　や　　　　　　3　で　　　　　　4　を

文
法

7 A「えいがは 何時（　　　　）ですか。」

B「あと　5分で　はじまりますよ。」

1　まで　　　　　　2　ほど　　　　　　3　から　　　　　4　だけ

8 林さんは　コーヒーを　のみましたが、わたしは　こうちゃ（　　　　）しました。

1　に　　　　　　　2　が　　　　　　　3　を　　　　　　4　の

9 ごはんを　たべた（　　　　）くすりを　のみます。

1　まえに　　　　　2　のまえに　　　　3　あとで　　　　4　のあとで

10 てがみを（　　　　）とき、ペンを　つかいます。

1　かき　　　　　　2　かく　　　　　　3　かいた　　　　4　かいて

11 森「リーさんの　お国は（　　　　）ですか。」

リー「ちゅうごくです。」

1　どう　　　　　　2　どちら　　　　　3　どなた　　　　4　どんな

12 A「昼ごはんを　食べましたか。」

B「いいえ。（　　　　）です。」

1　もう　　　　　　2　まだ　　　　　　3　よく　　　　　4　あと

13 A「いい　しゃしんですね。（　　　　）とりましたか。」

B「わたしです。」

1　だれは　　　　　2　だれに　　　　　3　だれが　　　　4　だれと

14 わたしは　えいがを　見る（　　　　）が　すきです。

1　こと　　　　　　2　もの　　　　　　3　そこ　　　　　4　どれ

15 A「こんどの　日曜日、こうえんで　おまつりが　ありますよ。いっしょに　（　　　　）。」

B「いいですね。行きたいです。」

1　行きませんか

2　行って　いますか

3　行きませんでしたか

4　行って　いませんでしたか

16 A「りょこうの　おみやげです。ひとつ　（　　　　）。」

B「ありがとうございます。」

1　ください

2　おねがいします

3　どうぞ

4　ほしいです

もんだい2 ___★___ に 入る ものは どれですか。1・2・3・4から いちばん いい ものを 一つ えらんで ください。

(もんだいれい)

A「いつ ___ ___ ___★___ ___ か。」
B「3月です。」
 1 くに 2 へ 3 ごろ 4 かえります

(こたえかた)

1. ただしい 文を つくります。

A「いつ _____ _____ ___★___ _____ か。」
   3 ごろ 1 くに 2 へ 4 かえります
B「3月です。」

2. ___★___ に 入る ばんごうを くろく ぬります。

(かいとうようし) | (れい) | ① ● ③ ④ |

---

17 あには わたし ___ ___ ___★___ ___ です。
 1 高い 2 せ 3 より 4 が

18 この ふるい ___ ___ ___★___ ___ です。
 1 父 2 は 3 の 4 かさ

19 A「お母さんの ___ ___ ___★___ ___ か。」
B「はい。もう なおりました。」
 1 なりました   2 もう
 3 びょうきは   4 よく

20 駅の　＿＿＿　＿＿＿　★　＿＿＿　べんりに　なりました。

1　スーパーが　　　　2　となりに　　　　3　大きい　　　　4　できて

21 ここは　わたし　＿＿＿　＿＿＿　★　＿＿＿　です。

1　きのう　　　　2　店　　　　3　来た　　　　4　が

もんだい3　　22　から　26　に　何を　入れますか。ぶんしょうの　いみを
　　　　　　かんがえて、1・2・3・4から　いちばん　いい　ものを　一つ
　　　　　　えらんで　ください。

　　ワンさんと　アリさんは　「電車」の　さくぶんを　書いて、クラスの　みんなの　前で
読みます。

(1)　ワンさんの　さくぶん

　　　　　日本の　電車に　はじめて　のったとき、びっくりしました。えきには　人が
　　たくさん　　22　。みんな　ならんで　電車から　おりる人を　まちます。
　　そして、前の　人から　ゆっくり　のります。みんな　その　ルールを
　　まもります。　　23　、きもちよく　電車に　のることが　できます。とても
　　いい　ことです。

(2)　アリさんの　さくぶん

　　　　　わたしの　国の　電車　　24　日本の　電車は、少し　ちがいます。
　　わたしの　国では、みんな　電車の　中で　よく　話します。だから、とても
　　うるさいです。日本人は、電車の　中で　あまり　　25　。しんぶんや
　　本を　読みます。わたしは　いつも　電車の　中で　スマホ　　26　　おんがくを
　　ききます。みなさんは　電車の　中で　何を　しますか。

22

1　います　　　　　　2　あります　　　3　みます　　　4　します

23

1　一番に　　　　　　2　そのあと　　　3　だから　　　4　でも

24

1　が　　　　　　　　2　と　　　　　　3　を　　　　　4　で

25

1　話して　います　　　　　　　　2　話しましょうか
3　話しません　　　　　　　　　　4　話したいです

26

1　へ　　　　　　　　2　で　　　　　　3　に　　　　　4　と

もんだい4　つぎの　(1)から　(3)の　ぶんしょうを　読んで、しつもんに　こたえて
　　　　　ください。こたえは、1・2・3・4から　いちばん　いい　ものを
　　　　　一つ　えらんで　ください。

(1)

　わたしは　先週の　火曜日から　金曜日まで　京都に　行きました。火曜日は　お寺を
見たり、買いものを　したり　しました。わたしは　お寺が　好きですから、水曜日も　見に
行きました。木曜日は　映画館で　映画を　見ました。金曜日は　おみやげを　買いました。
とても　たのしかったです。

27　「わたし」が　お寺を　見たのは　何曜日ですか。
　　1　火曜日と　水曜日
　　2　火曜日と　木曜日
　　3　水曜日と　木曜日
　　4　水曜日と　金曜日

(2)

図書館に　この　メモが　あります。

図書館を　使う　みなさんへ

今日は　図書館の　本を　かたづけます。本を　かりることは　できません。
かえす　本は　入口の　となりの　ポストに　入れて　ください。

2階の　へやは　午後1時から　5時までです。へやの　入口に　紙が
ありますから、紙に　名前を　書いてから　使って　ください。

中央図書館

---

28 本を　かえしたいです。どうしますか。

1　図書館の　人に　わたします。
2　図書館の　入口の　となりの　ポストに　入れます。
3　2階の　へやに　持って　行きます。
4　紙に　名前を　書いて、机に　おきます。

(3)

（会社で）

ユンさんの　机の　上に、この　メモが　あります。

ユンさん

　　12時15分ごろ　ヤマダ会社の　森さんから　電話が　ありました。
あしたの　会議の　時間を　かえたいと　言って　いました。16時までに
電話を　してください。
　　森さんは　これから　出かけますから、会社では　なくて、森さんの
けいたい電話に　かけて　ください。

佐藤　12:20

---

29 この　メモを　読んで、ユンさんは　何を　しますか。

1　あした　森さんの　会社に　電話を　します。

2　あした　森さんの　けいたい電話に　電話を　します。

3　16時までに　森さんの　会社に　電話を　します。

4　16時までに　森さんの　けいたい電話に　電話を　します。

もんだい5　つぎの　ぶんしょうを　読んで、しつもんに　こたえて　ください。
こたえは、1・2・3・4から　いちばん　いい　ものを　一つ
えらんで　ください。

これは　ジェイソンさんが　書いた　さくぶんです。

東京へ　行きました

ジェイソン・パーク

先週、母が　日本に　来ました。母と　いっしょに　東京へ　行きました。母と　わたしは　日本語が　あまり　できませんから、すこし　こわかったです。

東京では、レストランや　お店や　お寺など、いろいろな　ところへ　行きました。スマホで　電車の　時間を　しらべたり、レストランを　さがしたり　しました。レストランの　人は　英語を　話しましたから、よく　わかりました。母は　「来年も　来たい」と　言いました。

わたしたちが　行った　ところには、外国人が　たくさん　いました。つぎは、外国人が　あまり　行かない　ところへ　行って、日本人と　日本語で　話したいです。

---

30 どうして　こわかったですか。

1　はじめて　東京へ　行くから

2　電車の　時間が　わからないから

3　スマホが　ないから

4　日本語が　じょうずじゃ　ないから

31 ジェイソンさんは　今　どう　思って　いますか。

1　日本人と　りょこうを　したいと　思って　います。

2　友だちと　りょこうを　したいと　思って　います。

3　来年も　おなじ　ところへ　行きたいと　思って　います。

4　外国人が　少ない　ところへ　行きたいと　思って　います。

もんだい6　右の　ページを　見て、下の　しつもんに　こたえて　ください。
　　　　　こたえは、1・2・3・4から　いちばん　いい　ものを　一つ　えらんで
　　　　　ください。

32 ナオさんは　10時半から　12時半まで　あおばまつりに　行きます。ナオさんは　1,000円
　　持って　います。どの　店で　買いものを　しますか。

1　くだものの　ケーキ

2　おもちゃ

3　こどもの　ふく

4　やさい

あおばまつり

ぜひ 来て ください!

日にち：9月12日（土）
ばしょ：中央公園
時間：9時から 15時まで

くだものの ケーキ

- ●9時から 11時まで
- ●1つ 300円

いろいろな くだものの
ケーキを うって います。

おもちゃ

- ●11時から 15時まで
- ●1つ 1,200円

子どもも おとなも すきな
おもちゃを うって います。

こどもの ふく

- ●13時から 14時まで
- ●1つ 1,000円

かわいい ふくを
うって います。

やさい

- ●14時から 15時まで
- ●1つ 150円

おいしい やさいを
うって います。

N5
聴解
（30分）

注　意
Notes

1. 試験が始まるまで、この問題用紙を開けないでください。

   Do not open this question booklet until the test begins.

2. この問題用紙を持って帰ることはできません。

   Do not take this question booklet with you after the test.

3. 受験番号と名前を下の欄に、受験票と同じように書いてください。

   Write your examinee registration number and name clearly in each box below as written on your test voucher.

4. この問題用紙は、全部で14ページあります。

   This question booklet has 14 pages.

5. この問題用紙にメモをとってもいいです。

   You may make notes in this question booklet.

受験番号　Examinee Registration Number	

名前　Name	

もんだい1　🔊 N5_3_02

　もんだい1では、はじめに　しつもんを　きいて　ください。それから　はなしを
きいて、もんだいようしの　1から4の　なかから、いちばん　いい　ものを　ひとつ
えらんで　ください。

れい　🔊 N5_3_03

1　どうぶつえん
2　えいがかん
3　くうこう
4　でんしゃの　えき

1ばん　🔊 N5_3_04

1

2

3

4

2ばん　🔊 N5_3_05

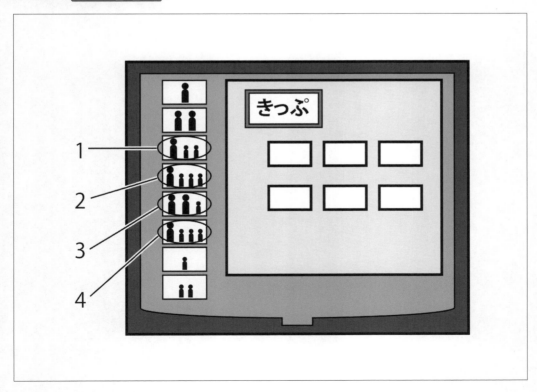

3ばん　🔊 N5_3_06

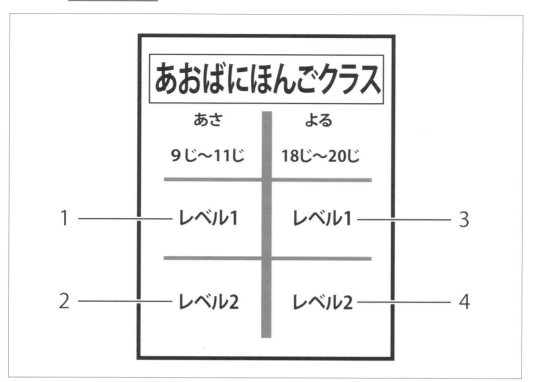

4ばん　🔊 N5_3_07

1

2

3

4

5ばん 🔊 N5_3_08

1　1ばんの　バス

2　2ばんの　バス

3　1ばんせんの　でんしゃ

4　2ばんせんの　でんしゃ

6ばん 🔊 N5_3_09

1　げつようび

2　かようび

3　すいようび

4　もくようび

1

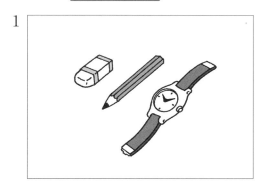

2

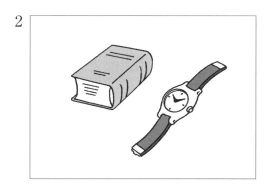

3

4

もんだい2　🔊 N5_3_11

　もんだい2では、はじめに　しつもんを　きいて　ください。それから　はなしを
きいて、もんだいようしの　1から4の　なかから、いちばん　いい　ものを　ひとつ
えらんで　ください。

れい　🔊 N5_3_12

1　きょうの　3じ
2　きょうの　3じはん
3　あしたの　9じ
4　あしたの　10じ

1ばん 🔊 N5_3_13

1

日 にち	月 げつ	火 か	水 すい	木 もく	金 きん	土 ど
	1	2	3	4	5	6
7	8	9	10	11	12	13
14	15	16	17	18	19	20
21	22	23	24	25	26	27
28	29	30	31			

2

日 にち	月 げつ	火 か	水 すい	木 もく	金 きん	土 ど
	1	2	3	4	5	6
7	8	9	10	11	12	13
14	15	16	17	18	19	20
21	22	23	24	25	26	27
28	29	30	31			

3

日 にち	月 げつ	火 か	水 すい	木 もく	金 きん	土 ど
	1	2	3	4	5	6
7	8	9	10	11	12	13
14	15	16	17	18	19	20
21	22	23	24	25	26	27
28	29	30	31			

4

日 にち	月 げつ	火 か	水 すい	木 もく	金 きん	土 ど
	1	2	3	4	5	6
7	8	9	10	11	12	13
14	15	16	17	18	19	20
21	22	23	24	25	26	27
28	29	30	31			

2ばん 🔊 N5_3_14

1　いちごの　ケーキ

2　りんごの　ケーキ

3　チーズケーキ

4　チョコレートケーキ

3ばん 🔊 N5_3_15

1

2

3

4

4ばん 🔊 N5_3_16

1

2

3

4

5ばん 🔊 N5_3_17

1　1かい
2　2かい
3　3かい
4　4かい

6ばん 🔊 N5_3_18

1　えいがを　みました
2　かいものを　しました
3　りょうりを　しました
4　パーティーに　いきました

もんだい3 🔊 N5_3_19

もんだい3では、えを　みながら　しつもんを　きいて　ください。

➡ (やじるし)の　ひとは　なんと　いいますか。1から3の　なかから、いちばん
いい　ものを　ひとつ　えらんで　ください。

れい 🔊 N5_3_20

1ばん　🔊 N5_3_21

2ばん　🔊 N5_3_22

3ばん 🔊 N5_3_23

4ばん 🔊 N5_3_24

第
3
回

聴
解

もんだい4　🔊N5_3_26

　もんだい4は、えなどが　ありません。ぶんを　きいて、1から3の　なかから、いちばん　いい　ものを　ひとつ　えらんで　ください。

れい　🔊N5_3_27

1ばん　🔊N5_3_28

2ばん　🔊N5_3_29

3ばん　🔊N5_3_30

4ばん　🔊N5_3_31

5ばん　🔊N5_3_32

6ばん　🔊N5_3_33

ごうかくもし　かいとうようし

N5　げんごちしき(もじ・ごい)

第3回

じゅけんばんごう
Examinee Registration Number

なまえ
Name

〈ちゅうい Notes〉

1. 〈ろいえんぴつ (HB、No.2) でかいて
   ください。
   Use a black medium soft (HB or No.2)
   pencil.
   (ペンやボールペンではかかないでくだ
   さい。)
   (Do not use any kind of pen.)

2. かきなおすときは、けしゴムできれい
   にけしてください。
   Erase any unintended marks completely.

3. きたなくしたり、おったりしないでくだ
   さい。
   Do not soil or bend this sheet.

4. マークれい Marking Examples

よいれい Correct Example	わるいれい Incorrect Examples
●	⊗ ○ ◯ ◑ ◍ ⊘ ⊖ ●

もんだい1

1	①	②	③	④
2	①	②	③	④
3	①	②	③	④
4	①	②	③	④
5	①	②	③	④
6	①	②	③	④
7	①	②	③	④
8	①	②	③	④
9	①	②	③	④
10	①	②	③	④
11	①	②	③	④
12	①	②	③	④

もんだい2

13	①	②	③	④
14	①	②	③	④
15	①	②	③	④
16	①	②	③	④
17	①	②	③	④
18	①	②	③	④
19	①	②	③	④
20	①	②	③	④

もんだい3

21	①	②	③	④
22	①	②	③	④
23	①	②	③	④
24	①	②	③	④
25	①	②	③	④
26	①	②	③	④
27	①	②	③	④
28	①	②	③	④
29	①	②	③	④
30	①	②	③	④

もんだい4

31	①	②	③	④
32	①	②	③	④
33	①	②	③	④
34	①	②	③	④
35	①	②	③	④

ごうかくもし かいとうようし

N5 げんごちしき（ぶんぽう）・どっかい

じゅけんばんごう
Examinee Registration Number

なまえ
Name

〈ちゅうい Notes〉

1. くろいえんぴつ (HB、No.2) でかいて
ください。
Use a black medium soft (HB or No.2)
pencil.
（ペンやボールペンではかかないでくだ
さい。）
(Do not use any kind of pen.)

2. かきなおすときは、けしゴムできれい
にけしてください。
Erase any unintended marks completely.

3. きたなくしたり、おったりしないでくだ
さい。
Do not soil or bend this sheet.

4. マークれい Marking Examples

よいれい Correct Example	わるいれい Incorrect Examples
●	⊗ ◯ ◑ ⊘ ◍ ◒

もんだい1

1	① ② ③ ④
2	① ② ③ ④
3	① ② ③ ④
4	① ② ③ ④
5	① ② ③ ④
6	① ② ③ ④
7	① ② ③ ④
8	① ② ③ ④
9	① ② ③ ④
10	① ② ③ ④
11	① ② ③ ④
12	① ② ③ ④
13	① ② ③ ④
14	① ② ③ ④
15	① ② ③ ④
16	① ② ③ ④

もんだい2

17	① ② ③ ④
18	① ② ③ ④
19	① ② ③ ④
20	① ② ③ ④
21	① ② ③ ④

もんだい3

22	① ② ③ ④
23	① ② ③ ④
24	① ② ③ ④
25	① ② ③ ④
26	① ② ③ ④

もんだい4

27	① ② ③ ④
28	① ② ③ ④
29	① ② ③ ④

もんだい5

| 30 | ① ② ③ ④ |
| 31 | ① ② ③ ④ |

もんだい6

| 32 | ① ② ③ ④ |

ごうかくもし かいとうようし

N5 ちょうかい

じゅけんばんごう
Examinee Registration Number

なまえ
Name

〈ちゅうい Notes〉

1. くろいえんぴつ (HB、No.2) でかいて
   ください。
   Use a black medium soft (HB or No.2)
   pencil.
   (ペンやボールペンではかかないでくだ
   さい。)
   (Do not use any kind of pen.)

2. かきなおすときは、けしゴムできれい
   にけしてください。
   Erase any unintended marks completely.

3. きたなくしたり、おったりしないでくだ
   さい。
   Do not soil or bend this sheet.

4. マークれい Marking Examples

よいれい Correct Example	わるいれい Incorrect Examples
●	⊗ ◇ ○ ◑ ⊖ ●

もんだい1

れい	①	②	③	●
1	①	②	③	④
2	①	②	③	④
3	①	②	③	④
4	①	②	③	④
5	①	②	③	④
6	①	②	③	④
7	①	②	③	④

もんだい2

れい	①	②	③	●
1	①	②	③	④
2	①	②	③	④
3	①	②	③	④
4	①	②	③	④
5	①	②	③	④
6	①	②	③	④

もんだい3

れい	●	②	③
1	①	②	③
2	①	②	③
3	①	②	③
4	①	②	③
5	①	②	③

もんだい4

れい	①	●	③
1	①	②	③
2	①	②	③
3	①	②	③
4	①	②	③
5	①	②	③
6	①	②	③